Anton Deutsch

Bestimmungsschlüssel für Grünlandpflanzen

Ein Führer zur einfachen und raschen Bestimmung sowie zum Kennenlernen wichtiger Grünlandpflanzen während der ganzen Vegetationszeit.

17. Auflage

av BUCH

Bilder: Prof. Anton Deutsch
Umschlagbild: A. Thinschmidt und D. Böswirth

IMPRESSUM

avBUCH im Cadmos Verlag

17. Auflage 2016

Deutsche Nationalbibliothek – CIP-Einheitsaufnahme
Die Deutsche Nationalbibliothek verzeichnet diese Publikation in der Deutschen Nationalbibliografie; detaillierte bibliografische Daten sind im Internet über http://dnb.ddb.de abrufbar.

Druck und Bindung: AV + Astoria Druckzentrum, Wien
Printed in Austria

Schulbuch-Nr. 1693

ISBN: 978-3-7040-2236-3

Widmung

Die Farbbilder widme ich als bunten „Wiesenblumenstrauß“ meiner lieben, von uns getrennten Enkeltochter Miriam Höhr in St. Lorenzen im Lesachtal in Oberkärnten zu ihrem 10. Geburtstag!

Dein Toni-Opa aus Gleisdorf

Vorwort

Der Bestimmungsschlüssel hat ein neues Gesicht

Der beliebte, bewährte und seit nahezu 25 Jahren in praktisch unveränderter Form vom Österreichischen Agrarverlag herausgebrachte „Bestimmungsschlüssel für Grünlandpflanzen wurde für die neunte Auflage zusätzlich mit Farbfotos ausgestattet! Dem Verlag und den beiden hauptverantwortlichen Herren Ing. FISCHER und HOFFMANN möchte ich dafür bestens danken. Gleichzeitig wurden auch einige Änderungen vorgenommen, und zwar in der Form der Bindungsweise und der Registerleistenausbildung. Jede Pflanzenart wird zudem in der bisherigen Reihenfolge, aber auf einer Seite konzentriert dargestellt und beschrieben. Das mit der Erstauflage im Jahr 1969 eingeführte, bestechend einfache Grundkonzept für den Bestimmungsvorgang wurde unverändert beibehalten. Ebenso blieb die Anzahl der ausgewählten Grünlandpflanzen unverändert.

Warum Farbbilder?

Viele Benutzer des Bestimmungsschlüssels wünschten sich Farbbilder von den Pflanzen. Diesem Wunsch kann nunmehr entsprochen werden. Die Farbfotos, die ausnahmslos vom Verfasser stammen, sollen zusammen mit den ebenfalls von ihm stammenden Zeichnungen den Bestimmungserfolg und die Freude beim Bestimmungsvorgang erhöhen. Insbesondere war ich bemüht, wie bereits bei den Zeichnungen, besonders die Eigentümlichkeit und auch mögliche Extremformen möglichst eindeutig hervorzuheben und naturgetreu und ins rechte Licht gesetzt, darzustellen. Bei den Farbfotos handelt es sich bewußt um keine Standortaufnahmen. Es wurde vielmehr versucht, für nahezu alle im Bestimmungsbuch enthaltenen Pflanzen entweder typische Blüten, Blütenteile, Blütenstände, die sporentragenden Pflanzenteile bzw. die Früchte in Verbindung mit typischen Blatteilen, Stengel- oder Halmteilen und fallweise auch mit dem Triebgrund in einem Farbfoto darzustellen. Soweit es möglich war, wurden auch die bei Blüten möglichen Farbabstufungen erfaßt, wie beispielsweise beim Rotklee.

Blüten allein sind noch keine „Wiese“

Blüten und Früchte sind zwar die auffallendsten Pflanzenteile. Sie beherrschen das Erscheinungsbild eines Pflanzenbestandes, den „Aspekt“. Die Zeitdauer, in der die Pflanzen damit unsere Aufmerksamkeiten erregen, ist im Vergleich zum Pflanzenleben jedoch relativ kurz. Außerdem besteht eine ganze bestimmte Blühreihenfolge.
Frühjahrsblüher, wie Huflattich, Rauchgras Kuhblume („Löwenzahn“), werden von den Vorsommerblühern, beispielsweise Hahnenfuß, Wiesenpippau, Wiesenkerbel und den meisten Wiesengräsern, abgelöst. Sehr spät blühen wieder beispielsweise die Johanniskrautarten, der Bärenklau, der Pastinak oder das Schilf. Das letzte Glied in dieser Reihe ist die Herbstzeitlose. Es gibt aber auch Pflanzen, die wir fast immer blühend antreffen können, wie z. B. die Jährige Rispe. Auch der Goldhafer blüht häufig noch im zweiten (dritten) Aufwuchs.

Grünlandpflanzen jederzeit erkennen

Oberstes Ziel des Bestimmungsschlüssels ist nach wie vor, häufig vorkommende, wichtige Grünlandpflanzen ohne große botanische Vorkenntnisse *j e d e r z e i t*, also unabhängig vom jeweiligen Entwicklungszustand, einfach, schnell und sicher bestimmen zu können.
Um einen „Grünlandbestand“ jederzeit richtig ansprechen zu können, ist es zweckmäßig, die Pflanzenbestimmung ohne Blütenmerkmale vorzunehmen. Erst dadurch ist es möglich, die Vielfalt einer Pflanzengesellschaft, die aus gerade blühenden und noch nicht blühenden oder bereits abgeblühten Arten besteht, zu erfassen.
Im ersten Aufwuchs oft markant blühende Grünlandpflanzen, wie der Flaumhafer und die Gemeine Rispe entwickeln in den Folgeaufwüchsen ganz andere Blattformen und keine Blütenstände aus. Sie sind jedoch trotzdem im „Pflanzenbestand“ vertreten.

Die Auswahl der Pflanzenarten

Bereits 1969 wurden für diesen Bestimmungsschlüssel 157 verschiedene Grünlandpflanzen nach der Häufigkeit ihres Vorkommens, ihrem Zeigerwert und der landwirtschaftlichen Bedeutung ausgewählt. Es wurden Gräser, Leguminosen (Schmetterlingsblütler) und Kräuter, darunter auch einige Sporenpflanzen wie der Acker- und der Sumpfschachtelhalm sowie der Adlerfarn erstmals gemeinsam in einem Bestimmungsbuch zusammengefaßt, das die Bestimmung ohne Blütenstände ermöglicht.
Unter dem Begriff „Grünlandpflanzen" habe ich wichtige Gräser, Leguminosen und Kräuter des eigentlichen Dauergrünlandes (Wiesen, Weiden) und auch des Ackergrünlandes (Feldfutter) zusammengefaßt. Es werden daher auch Pflanzen der „wiesenähnlichen" Ackerschläge besprochen. Ausgesprochene Zwischenfrucht-Futterpflanzen blieben dabei jedoch unberücksichtigt.
Durch die Auswahl einer beschränkten Anzahl von Grünlandpflanzen, ist es immer wieder möglich, daß regional etwas stärker vertretene Pflanzen, wie beispielsweise der Waldstorchschnabel, aber auch landwirtschaftlich weniger bedeutungsvolle Pflanzen wie die Wiesenglockenblume, das Gemeine Hornkraut im Bestimmungsschlüssel nicht enthalten sind und daher auch damit nicht bestimmt werden können!
Bei den Standortangaben habe ich mich weitgehend auf die Angaben von *OBERDORFER* und *KLAPP* gestützt, ebenso bei den Hinweisen auf die vervorzeugte Bodenreaktion. Die Wertzahl der Gründlandpflanzen stammt aus der ebenfalls im Literaturverzeichnis angeführten Veröffentlichung von *KLAPP,* [illegible]*KER, KÖNIG* und *STÄHLIN.* Dort nicht angeführte Pflanzen den nach eigenem Ermessen eingeschätzt und die Werte gesetzt.

Der Aufbau des Bestimmungsschlüssels

Im Daumenkerbenteil sind wichtige Bestimmungshilfen zusammengefaßt. Es ist zweckmäßig, vor dem Gebrauch sich damit ausführlich auseinanderzusetzen, da auch einige Bestimmungsmerkmale vereinfacht verwendet werden.
Der Hauptteil ist seit der ersten Auflage der mit dem Schlüsselsymbol gekennzeichnete Pflanzengruppenschlüssel. Von den großen Einheiten wird man dabei aufgrund der angegebenen Merkmale zu den Pflanzenartengruppen auf der Randleiste hingeführt. In dieser sind nur mehr wenige, gleiche Unterscheidungsmerkmale tragende Pflanzen zusammengefaßt. Es ist aber unbedingt erforderlich, die im Daumenkerbenteil unter „Gebrauchsanweisung" besprochene Vorgangsweise für die Pflanzenbestimmung einzuhalten!
Zu den zu kleinen Bestimmungseinheiten zusammengefaßten Pflanzenarten führen ab dieser Auflage nicht mehr herausgestanzte Register, sondern die auf der Randleiste neben den Gruppensymbolen angegebene Register-Grauwertemarkierungen, die im Bestimmungsbuch wieder bei der betreffenden, darunterliegenden Pflanzengruppe beginnen.

Wunsch des Verfassers

Dieses ansprechende Büchlein möge auch in Zukunft gleichsam für Schüler und Landwirte, Hobbybotaniker und Fachleute ein bewährter und verläßlicher Begleiter beim Kennenlernen der Grünlandpflanzen, ihres Standortes und Nutzwertes sein.
Dieser einfache Schlüssel, mit dem sogar schon Kinder gerne Pflanzen bestimmen, bietet gerade heute in unserer hektischen, hochtechnisierten Zeit eine Möglichkeit, daß sich wieder mehr Menschen ihrer inneren Sehnsucht entsprechend, in leicht zugänglicher Weise näher mit der Natur befassen und dadurch zu einem größeren Naturverständnis finden.
Den vielen mit der Grünlandwirtschaft befaßten Landwirten jedoch möge dieser Bestimmungsschlüssel weiterhin helfen, ihre Grünlandpflanzen jederzeit richtig zu erkennen. Erst dadurch kann der gegebene Pflanzenbestand richtig beurteilt und in weiterer Folge auch optimal bewirtschaftet werden.

Gleisdorf, im August 1993 Prof. Ing. Anton Deutsch

Gebrauchsanweisung

Um dieses Buch richtig gebrauchen zu können, ist es erforderlich, diese Anweisung aufmerksam durchzulesen und bei der praktischen Bestimmung der Pflanzen danach vorzugehen. An Hand dieser Bestimmungsunterlagen ist es verhältnismäßig einfach, eine Pflanze richtig zu erkennen.

Auswahl der Pflanzen

Für die Bestimmung sollen nur frische Pflanzen mit einigermaßen gesunden Blättern herangezogen werden. Besonders bei den Gräsern und den kleinen Kräutern ist es wichtig, daß auch der Triebgrund und vielleicht sogar noch einige Wurzeln an der zu bestimmenden Pflanze vorhanden sind, da gerade diese Pflanzenteile für eine sichere Bestimmung oft sehr notwendig sind. Am sichersten gelingt dies, wenn man die Pflanze aus dem Boden herauszieht und sie dabei möglichst bodennah anfaßt.

Bestimmungsvorgang

Vorteilhaft ist es, wenn man sich bereits vor der Bestimmung mit den Bestimmungsmerkmalen vertraut macht. Die erste, grobe Bestimmung wird in dem durch eine Daumenkerbe gekennzeichneten „Bestimmungsteil" durchgeführt.
Mit dem Merkmalvergleich beginnt man immer in der linken oberen Ecke. Zuerst wird festgestellt, in welche Hauptgruppe die zu bestimmende Pflanze gehört. Dies geschieht, indem man die zu der Pflanze passenden Merkmale in der ersten oder zweiten senkrechten Spalte sucht. Dabei muß man von oben nach unten bis zur passenden Beschreibung und anschließend nach rechts zur nächsten Spalte weitergehen. Auf diese Weise gelangt man zu den entsprechenden Pflanzensymbolen auf der Randleiste.
Nun öffnet man das Buch mit an der im Register aufgedruckten Graumarkierung. Von hier aus geht man am besten nach der Bilderbuch-Methode vor, das heißt, man vergleicht die zu bestimmende Pflanze genau mit den Farbbildern und insbesondere mit den Zeichnungen.
Für die Bestimmung von nicht blühenden Pflanzen sind die Detailzeichnungen besonders zu beachten. Dabei sind die wichtigsten Erkennungs- bzw. Unterscheidungsmerkmale besonders hervorgehoben.
Stimmen die beschriebenen Merkmale mit der gefundenen Pflanze überein, so ist die Aufgabe gelöst.
Sollte man die gewünschte Pflanze im gleichartig markiertem Teil nicht finden, beginnt man die Bestimmung am besten nochmals ganz von vorne.
Ist wider Erwarten trotz aller Bemühungen keine ähnliche Pflanze zu finden, ist anzunehmen, daß diese in dem Bestimmungsbuch nicht enthalten ist.
Dies wird aber mit Gewißheit nicht oft der Fall sein.

Angaben in der Pflanzenbeschreibung

Das Zeichen ± bedeutet „mehr oder weniger". Sonstige Abkürzungen wurden vermieden.

Pflanzennamen

In der obersten Zeile stehen die gebräuchlichen deutschen Pflanzennamen, darunter die wissenschaftliche (botanische) Bezeichnung. Bei der Aussprache des wissenschaftlichen Namens werden die mit einem Akzent (´) versehenen Selbstlaute betont. Die Pflanzenfamilie, zu der die jeweilige Pflanze gehört, ist in der dritten Zeile angegeben.

Standortangaben

Im letzten Absatz der Beschreibungen sind der bevorzugte Standort, die Feuchtigkeitsverhältnisse (trocken – frisch – feucht – naß) und ein etwaiger Zeigerwert angeführt. Das sind besondere Hinweise, die uns Pflanzen vor allem bei stärkerem Auftreten geben können. Die bevorzugte Bodenreaktion ist rechts neben dem botanischen Pflanzennamen durch folgende Symbole angegeben:

S = stark sauer
s = sauer
n = ± neutral
b = basisch

Landwirtschaftliche Bedeutung

Wichtige derartige Hinweise findet man ebenfalls im Text des letzten Absatzes. Aufschlußreich ist auch die Wertzahl (rechts neben den botanischen Namen, unmittelbar vor den Symbolen für bevorzugte Bodenreaktionen).
Mit ihr wird nicht nur, wie oft fälschlich angenommen, der Futterwert, sondern der landwirtschaftliche Nutzwert der Grünlandpflanzen angegeben. Im Nutzwert sind neben dem Futterwert auch noch die Ertragsfähigkeit und die Ausdauer als wichtige Wertmerkmale enthalten. Darauf hat besonders *König* in seinem Buch „Die Sprache der Grünlandpflanzen" hingewiesen.
Die in jeder Hinsicht wertvollsten Grünlandpflanzen erhielten die Wertzahl 8, Schad- und Giftpflanzen die Wertzahl -1, Pflanzen ohne einen landwirtschaftlichen Nutzwert die Wertzahl 0, die übrigen Pflanzen entsprechende Zwischennoten von 1–7.

Hinweise zu den Farbbildern

Nahezu alle im Bestimmungsschlüssel enthaltenen Pflanzen werden mit einem Farbbild vorgestellt. Es werden dabei die Blüten oder die sporentragenden Teile und vereinzelt auch die Früchte gezeigt. Es wurde auch besonders darauf geachtet, daß auch für die Bestimmung wichtige Pflanzenteile, wie Stengel, Blätter und teilweise sogar der Treibgrund im Bild erkennbar sind. Auf Standortaufnahmen wurde daher bewußt verzichtet.

Die Gräser

Im Grünland sind die Gräser oft am stärksten vertreten. Auf den landwirtschaftlich wertvolleren Flächen findet man hochwertige *Süßgräser*. Auf extremen Standorten, wie vernäßten oder verdichteten Böden und seichtgründigen, wasserarmen Trockenhängen sind auch die landwirtschaftlich weniger wertvollen *Sauergräser* anzutreffen.
Unsere Getreidearten gehören auch zu den Süßgräsern. Somit sind die Gräser sehr bedeutsame Pflanzen, obwohl sie auf Grund ihres Aussehens wenig auffallen. Sowohl die Sauergräser als auch die Süßgräser sind Windblütler. Ihr Pollen wird zur Befruchtung durch den Wind von Blüte zu Blüte getragen. Grasblüten sind daher weder grell gefärbt, noch weithin duftend oder bizarr geformt, sondern eher unscheinbar. Die Gräser enthalten keinen auffallenden Milchsaft, und den Blättern entströmt beim Zerreiben kein aufdringlicher Geruch.

Wuchsformen

Wenn man eine Graspflanze aus dem Boden zieht, findet man am Triebgrund, unter abgestorbenen Blattscheidenresten versteckt, die Triebknospen. Bei den *Horstgräsern* wachsen die diesen Knospen entspringenden Jungtriebe sofort in die Höhe. Dadurch entsteht ein geschlossener, oft kugeliger Horst. Bei den *Ausläufergräsern* entwickelt sich zuerst ein im Boden oder in der Grasnarbe dahinkriechender, knotentragender, bewurzelter Ausläufer mit meist ganz kleinen schuppenartigen Niederblättern. Erst in einiger Entfernung von der Mutterpflanze wird die Jungpflanze gebildet. Zwischen den beiden Extremtypen liegen die *rasenbildenden Gräser* mit ihren kurzen Kriechtrieben.

Merkmale der Süßgräser

Die meisten Süßgräser haben hohle, rundliche und durch Knoten gegliederte Halme. Bei Jungpflanzen oder in der zweiten Jahreshälfte sind sie selten zu finden. Die Blätter sprießen nur nach zwei Richtungen „zweizeilig" vom Trieb. Sie entspringen an den Halmknoten. Bevor sich das Blatt vom Trieb abwendet, umschließt es als Blattscheide scheidenartig die jüngeren Blätter, den Halm und die Blütenanlagen. Dies erkennt man, wenn man ein Gras vor dem Erscheinen der Blütenstände seitlich aufschlitzt. Die jungen Blätter wachsen eingerollt oder zusammengefaltet aus der Blattscheide heraus. Alle für die Bestimmung notwendigen Merkmale sind auf der rechten Seite enthalten.

Merkmale der Sauergräser (incl. Binsengewächse)

Abgesehen davon, daß man diese Gräser nur auf extremen Standorten findet, sind häufig der knotenlose, dreikantige, mit Mark gefüllte Stengel und die nach drei Seiten abgehenden „dreizeiligen", rinnigen Blätter sowie die oft vorne bis oben verwachsenen Blattscheiden gute Erkennungsmerkmale. Dies gilt für die meisten *Seggenarten*, die *Wollgräser* und einige *Simsen*. Die *Hainsimsen* haben jedoch süßgrasartige, nach allen Richtungen abgehende und die *Binsen* zumeist schnittlauchartige, hohlröhrige bis markgefüllte, nicht lauchartig riechende Blätter.

Blattlage

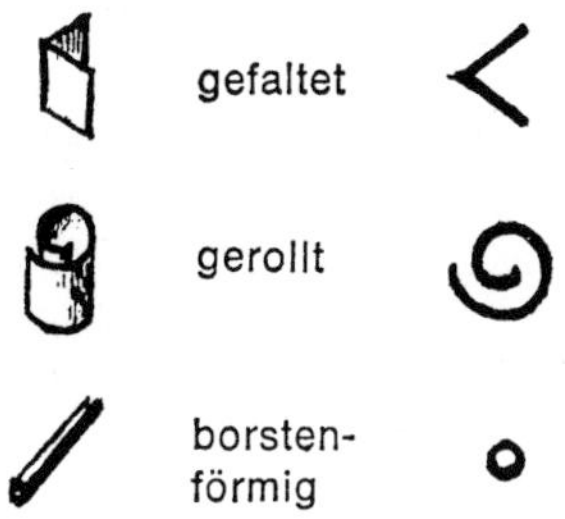

Dreizeiliges Sauergras

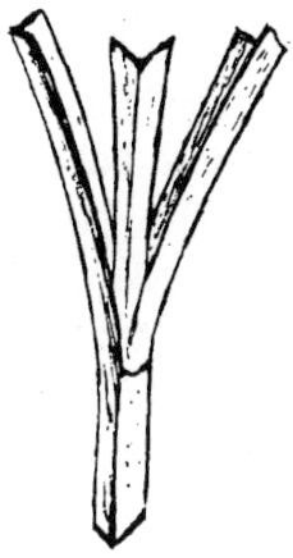

Zweizeiliges Süßgras

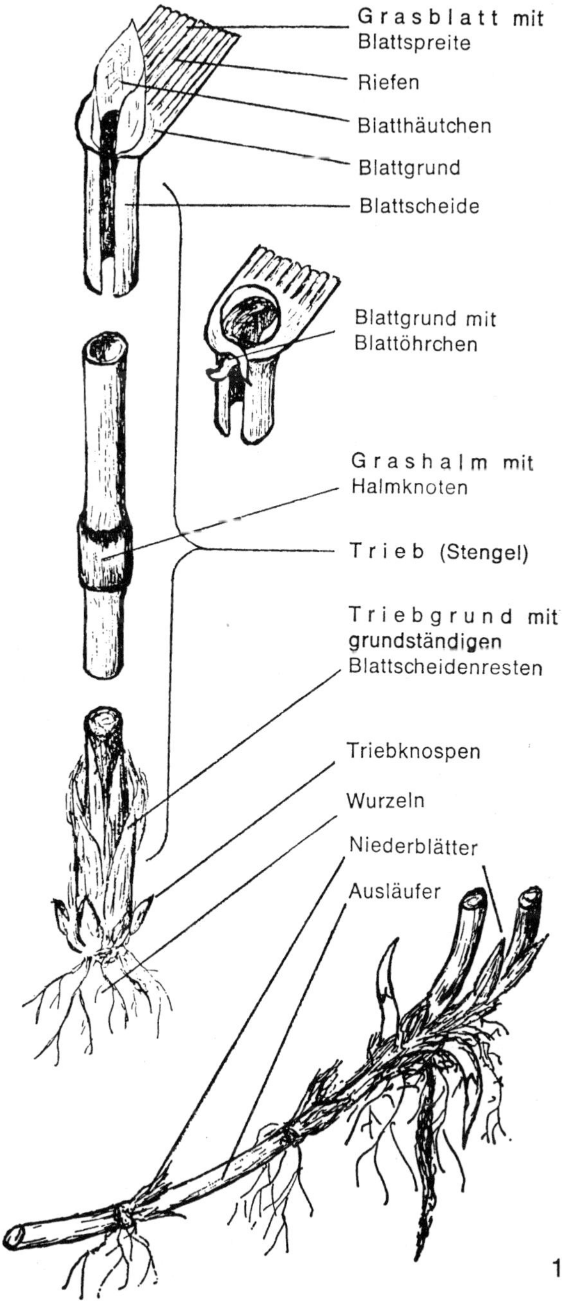

Die Kräuter

Zu den Kräutern zählen in diesem Bestimmungsbuch alle Grünlandpflanzen, die auf Grund der vorhergehenden Beschreibung nicht eindeutig den Gräsern zugeordnet werden können. Die Kräuter sind den Gräsern in der Artenzahl überlegen, trotzdem liefern sie meistens aber nicht soviel Futtermasse. Bis auf einige *Sporenpflanzen* gehören die in diesem Buch angeführten Kräuter zu den *Samenpflanzen*. Besonders wichtig für den Landwirt sind auch die im Bestimmungsteil als eigene Gruppe zusammengefaßten *Schmetterlingsblütler* oder *Leguminosen*. Durch die auf ihren Wurzeln lebenden Knöllchenbakterien sind sie in der Lage, sich selbst mit Stickstoff zu versorgen. Leider gibt es aber gerade bei den Kräutern zahlreiche *Giftpflanzen* und schädliche *„Unkräuter"*, daneben jedoch auch sehr viele wertvolle *Futterkräuter*.

Merkmale der Kräuter

Viele Kräuter kann man bereits an ihren Blättern erkennen, meist an der Blattanordnung und an der Blattform. Nur in wenigen Fällen muß man auch den Triebgrund und die Wurzelausbildung beachten. Auch die Kräuter kann man ohne Hilfsmittel jederzeit ziemlich sicher bestimmen. Wenn Blüten vorhanden sind sollen die im Buch angegebene Blütenfarbe und das Farbfoto das Bestimmungsergebnis bestätigen.

Das Kräuterblatt

Einfache Blätter haben eine zumindest entlang der Mittelrippe zusammenhängende Blattspreite. Ihre Blattfläche wird daher nicht durch Blattstielabschnitte unterbrochen.
Zusammengesetzte Blätter bestehen aus mehreren selbständigen Teilblättchen, die auf dem Blattstiel oder auf von diesem abzweigenden Seiten- oder Nebenstielen sitzen. Die Blattspreite ist daher nicht durchgehend zusammenhängend. Der *Blattstiel* trägt nur die Blattspreite, der *Stengel* auch Blatt- und Blütenknospen.
Grund- und Bodenblätter findet man in Bodennähe als ± anliegende *Blattrosette* oder büschelig aufsteigend. Die *Stengelblätter* haben ihren Sitz am Stengel oder an oberirdischen Ausläufern.

Blattanordnung und Blattnervenausbildung

Stengelblätter können *einzeln, paarweise* oder *quirlig* (mehr als zwei) am Stengel angeordnet sein.
Längsnervige Blätter besitzen entweder eine deutlich ausgeprägte Mittelrippe (Längsnerv) oder mehrere ± parallel verlaufende Längsnerven.
Bei *Blättern mit strahlenförmig von einem Punkt auseinandergehenden Hauptnerven* ergibt sich eine ± rundliche Blattgrundform. Bei zusammengesetzten Blättern müssen in diesem Fall die einzelnen Blattabschnitte ± gleich groß und auch gleichförmig ausgebildet sein. *Nebenblätter* sind zumeist andersförmig ausgebildete Blättchen am Blattstielgrund.
Die übrigen Erkennungsmerkmale sind ohne Schwierigkeiten den Abbildungen zu entnehmen.

Einfaches Blatt

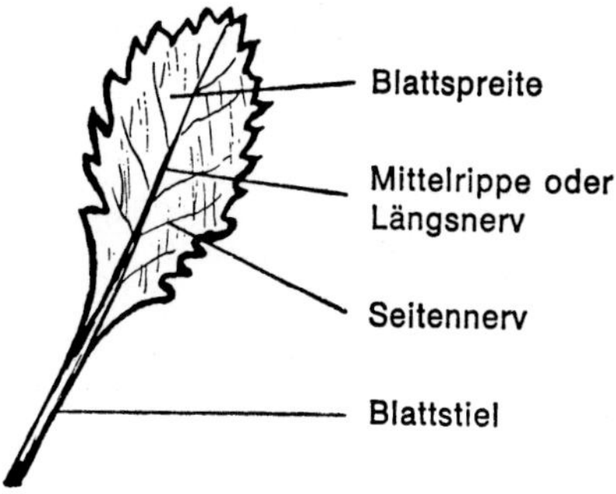

Zusammengesetztes Blatt

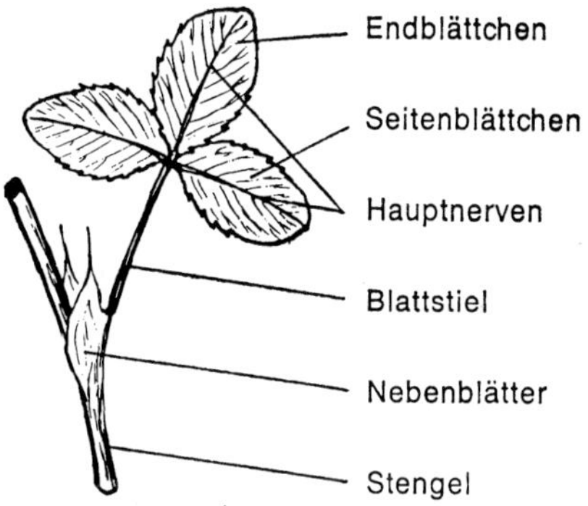

Blattanordnung am Stengel

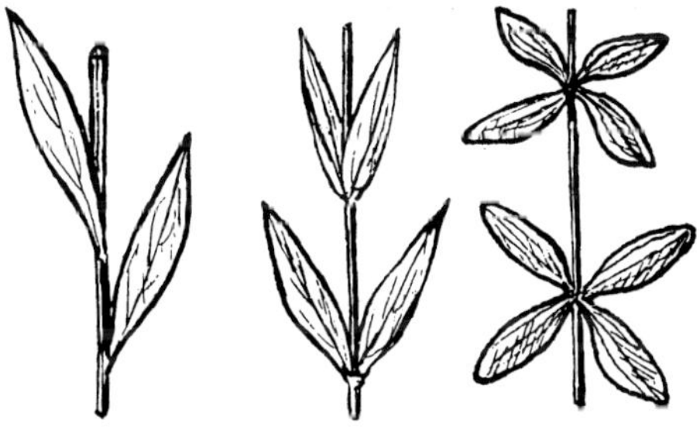

einzeln paarweise quirlig

Blattrandausbildung (vereinfacht)

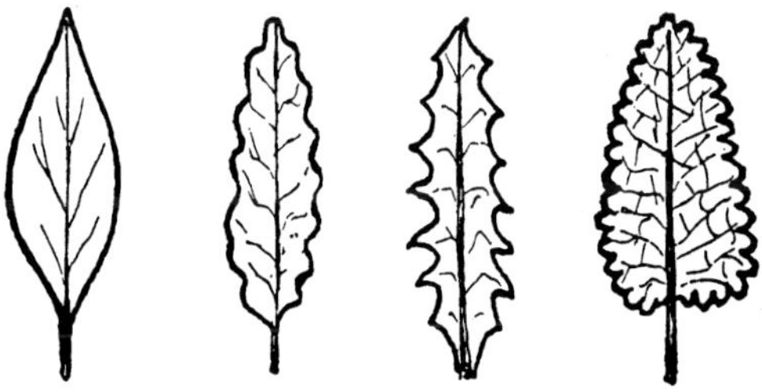

ganzrandig gewellt gezähnt gekerbt

gelappt, eingeschnitten

zerschlitzt, gefranst

Deutsche Pflanzennamen

Die Ziffern neben den Pflanzennamen geben die Seiten an, auf welchen die Pflanzen beschrieben sind.

Wissenschaftliche Pflanzennamen

Die Ziffern neben den Pflanzennamen geben die Seiten an, auf welchen die Pflanzen beschrieben sind.

Literaturverzeichnis

Breunig
Gräser und Kleearten
VEB Deutscher Landwirtschaftsverlag, Berlin,

Encke, Buchheim, Seybold
Zander, Handwörterbuch der Pflanzennamen
Eugen Ulmer, Stuttgart

Kiffmann
Illustriertes Bestimmungsbuch für Wiesen- und Weidepflanzen des mitteleuropäischen Flachlandes, Teil C: Schmetterlingsblütler
Eigenverlag, Freising-Weihenstephan

Klapp, Boeker, König, Stählin
Wertzahlen der Grünlandpflanzen
Das Grünland, Nr. 5, 1953

Klapp
Grünlandkräuter
Paul Paray, Berlin und Hamburg

Klapp
Gräserbestimmungsschlüssel
Paul Paray, Berlin und Hamburg

König
Die Sprache der Grünlandpflanzen
Verlagsgesellschaft für Ackerbau m.b.H., Hannover

Oberdorfer
Pflanzensoziologische Exkursionsflora
Eugen Ulmer, Stuttgart

Schmell-Fitschen
Flora von Deutschland
Quelle und Meyer, Heidelberg

Schwaighofer-Budde
Pflanzen der Heimat
Hölder-Pichler-Tempsky, Wien

Strasburger
Lehrbuch der Botanik für Hochschulen
Gustav Fischer Verlag, Stuttgart

Thommen
Taschenatlas der Schweizer Flora
Birkhäuser Verlag, Basel

Volger
Gräserbestimmung nach Photos
Paul Paray, Berlin und Hamburg

Schmarotzerpflanzen an Klee		
„Sauergräser“	Blätter sind entweder lauchartig,	
Süßgräser	Blätter sind zweizeilig sie bestehen aus: Blattscheiden und Blattspreiten; Blattgrund mit Blatthäutchen oder Haarkranz	**Blattspreiten**
		Blattspreiten sind breiter (nicht ganz fein oder borstenförmig)
Schachtelhalme	Pflanzen bestehen nur aus blattlosen,	
Kräuter	mit einfachen Blättern	Blätter sind
		Blätter sind paarweise am Stengel oder Ausläufer angeordnet; bei Jungpflanzen oder Pflanzen mit Bodenblättern sind jeweils 2 Blätter gleich groß entwickelt
		Blätter (± längsnervig) sind einzeln am Stengel oder Ausläufer angeordnet. Jungblätter sind unterschiedlich groß entwickelt (nicht paarweise gleich groß)
		mehrere ± gleichwertige Hauptnerven gehen von einem Punkt strahlenförmig auseinander
Leguminosen oder Schmetterlingsblütler	mit zusammengesetzten, vereinzelt auch mit einfachen Blättern	der Blattstiel übernimmt die Rolle eines Hauptnerves; Teilblättchen sitzen meist paarweise am Blattstiel oder auf Seiten- bzw. Nebenstielen
weitere Kräuter		

keine grünen Blätter vorhanden			22
dreizeilig oder allseitswendig			
sehr fein bis borstenförmig			28
entweder kräftige, plattgedrückte Blattscheiden oder sehr breite, grobe Blattspreiten oder auffällig behaarter Blattgrund			34
entweder deutlich ausgebildete Blattöhrchen oder Pflanzen mit frisch-gelbgrünen, kahlen Blättern und rotem oder gelblichem Triebgrund			39
auf der Blattoberseite befindet sich eine Doppelrille entlang der Mittelrippe			45
entweder Blattspreiten, Halmknoten oder wenigstens grundständige Blattscheiden auffallend behaart			49
Blattspreiten, Halmknoten und Blattscheiden sind kahl oder wenigstens nicht auffallend behaart			56
gegliederten grünen Halmen und quirligen Ästen			64
quirlartig am Stengel angeordnet			
normal keine Bodenblätter vorhanden (außer bei Jungpflanzen)	Blattrand ± ganzrandig		72
	Blattrand gezähnt oder gekerbt		82
normal auch Bodenblätter (büschelig oder rosettenartig angeordnet) vorhanden			89
Blätter sind deutlich mehrfach längsnervig (grasartig bis breitoval)			94
Blätter besitzen nur eine deutlich ausgeprägte Mittelrippe (Längsnerv)	Blattspreite geht deutlich abgesetzt in den Blattstiel über		102
	Blattspreite geht verlaufend in den Blattstiel über	bestachelte Distelblätter	106
		Blattrand gezähnt oder gekerbt	112
		Blattrand ± ganzrandig	121
zusammengesetzte Blätter besitzen daher (meist 3) ± gleich entwickelte Blatteile	Blätter sind gezähnt bis tief eingeschnitten zerschlitzt		128
	dreiteilige Kleeblätter (± ganzrandig bis leicht gezähnt)		138
Teilblättchen sind ± ganzrandig			152
Teilblättchen sind gezähnt oder gekerbt	Teilblättchen sind ganz fein gegliedert oder sie sitzen auch auf Seiten- bzw. Nebenstielen		160
	Teilblättchen sitzen nur (meist paarweise) am Blattstiel		167

Kleeteufel, Kleewürger, Kleine Sommerwurz

(Orobánche minor) (–1) / –

Sommerwurz-Gewächs

Der Kleeteufel ist eine blattgrünlose Schmarotzerpflanze, die wir stets in unmittelbarer Nähe einer Rotkleepflanze finden. Er hat bleiche, gelbbräunliche Blütenschäfte mit braunen Blattschuppen. Der am Grund etwas verdickte, vollfleischige Stengel sitzt den Kleewurzeln auf. Dadurch entzieht dieser Vollparasit dem Klee die Nährstoffe und zerstört die Wirtspflanze meistens vollkommen.

Die gelblichen Blüten sind rötlich bis violett geädert.

Hauptblütezeit: Juni

Der Kleeteufel tritt meistens nur vereinzelt in Kleeschlägen und Wiesen auf. Bei massenhaftem Auftreten ist er ein gefährlicher und gefürchteter Kleeschädling.

Kleeseide, Teufelszwirn

(Cúscuta epithýmum ssp. trifólii) -1 / -

Windengewächs

Die Kleeseide umschlingt mit ihren blatt- und wurzellosen, gelblich bis bleichrosafarbenen, zwirnartigen Ranken Klee- und Luzernepflanzen. An der Innenseite der Ranken bilden sich bei den Umschlingungsstellen saugknopfartige Gebilde aus. Diese dringen in die Wirtspflanze ein und entziehen ihr wertvolle Nährstoffe.

Die Kleeseide breitet sich häufig nestartig aus. Seidesamen können mit schlecht gereinigtem Saatgut eingeschleppt werden.

Die kleinen bleichrosaroten Blütchen sind büschelartig angeordnet.

Hauptblütezeit: Juli – August

Die Kleeseide ist ebenfalls ein gefährlicher, vorwiegend auf Klee- und Luzernepflanzen schmarotzender Vollparasit.

Flatterbinse für Binsen

(Júncus effúsus) 0–2 / –

Binsengewächs

Die Binsen besitzen meist schnittlauchartige, runde Blätter. Sie riechen jedoch nicht lauchartig. Bei der Flatterbinse sind die halmartigen Blätter mit einem weichflaumigen, watteähnlichen Mark ausgefüllt. Andere, rundhalmige Binsenarten haben zuweilen durch Querwände abgeteilte Luftkammern. Einige Binsenarten haben sogar nur halbovale oder gar nur borstenförmige Blätter.

Die Wuchshöhe kann je nach Art und Standort zwischen 5 Zentimeter und mehr als 1 Meter schwanken.

Die Niederblätter am Halmgrund sind bei der Flatterbinse hell- bis dunkelbraun, die Wurzeln kräftig entwickelt.

Hauptblütezeit: Juni – August

Die Binsen gehören nach **Strasburger** zu den Scheingräsern (*Cyperales*). Wir finden sie vorwiegend an nassen und zumeist stark verdichteten Stellen der Wiesen und Weiden.

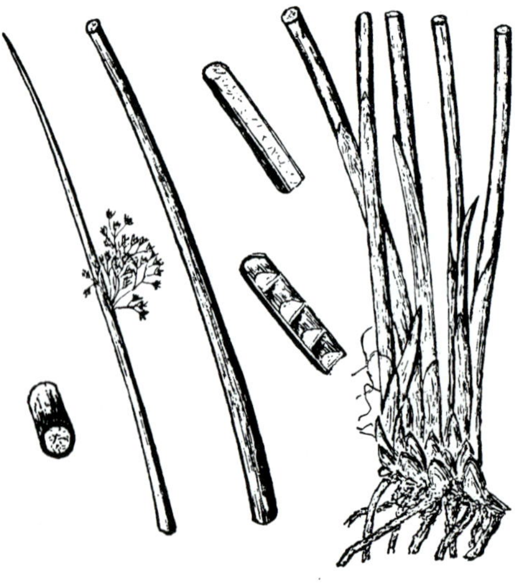

Feldhainsimse, Hasenbrot

(Lúzula campéstris) 2 / s–S

Binsengewächs

Dieses ebenfalls zu den Binsengewächsen zählende Scheingras hat jedoch normal ausgebildete, nach allen Richtungen abgehende Grasblätter. Es ist nur der Blattrand behaart, und zwar mit auffallend langen, silbrig schimmernden Haaren. Der Trieb ist nicht dreikantig, sondern rundlich, die Blattscheide röhrig verwachsen. Außerdem fehlt das Blatthäutchen.

Der Triebgrund ist häufig von abgestorbenen, mittelbraunen, oft stark fasernden Blattscheidenresten umgeben.

Hauptblütezeit: März – April

Die Feldhainsimse kommt in sehr trockenem bis feuchtem Magerrasen vor. Ein **Versauerungs- und Magerkeitszeiger**.

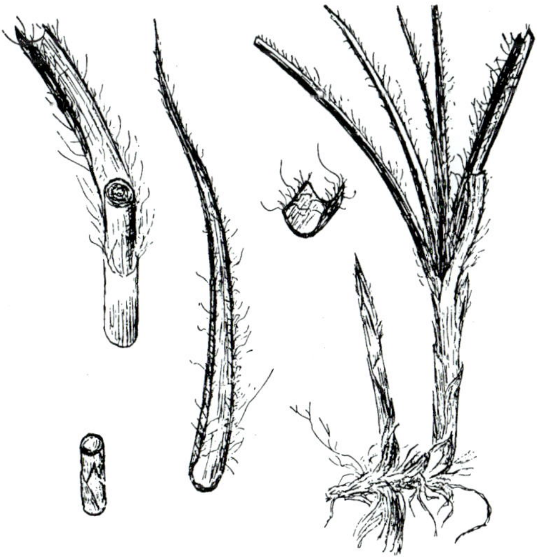

Haarsegge für Seggen, Rauhe Segge

(Cárex hírta) 1–2 / –

Riedgras, Sauergras

Die rauhe Segge ist wie die meisten Seggen ein typisch dreizeiliges Scheingras. Auffallend ist bei ihr vor allem die feine, allseitige Behaarung der nach drei Richtungen vom Trieb abgehenden Blätter. Das Blatt selbst ist rinnig gefurcht mit etwas umgebogenen Rändern. Die ebenfalls behaarte Blattscheide ist vorne häufig verwachsen. Ein kurzes, weißliches Blatthäutchen ist sichtbar. Im Boden finden wir meistens auch ein Ausläuferstück mit rötlichen Knoten und gefransten Niederblättern.

Hauptblütezeit: April – Juni

Seggen entwickeln sich vor allem unter extremen Umweltbedingungen, wie sehr trockenen, verdichteten, nährstoffarmen, zumeist aber zu nassen Standorten. Es gibt ganz kleinwüchsige, andererseits aber wieder hochwüchsige Arten. Die rauhe Segge ist ein **Sandzeiger**.

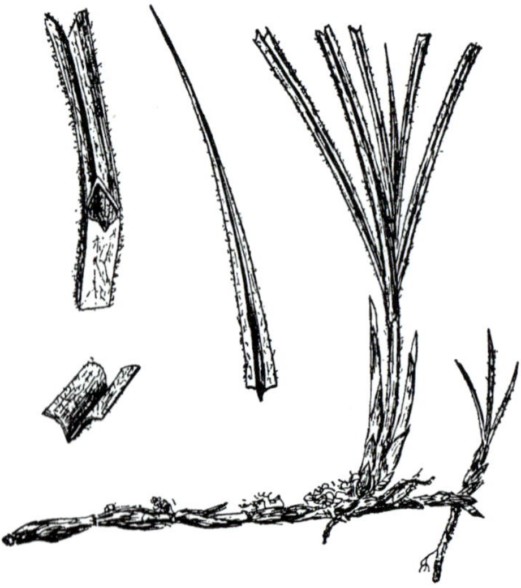

Gemeine Simse, Waldsimse

(Scírpus silváticus) 2 / n–s

Riedgras, Sauergras

Die gelbgrünen, etwa 1 cm breiten, rinnig nach außen umgebogenen Blätter sind deutlich dreizeilig angeordnet. Sie sind durch kaum sichtbare Zähnchen am Rand einwärts rauh; außen hängen sie bogig nach unten. Das Blattende ist zu einer längeren Spitze verwachsen. Der Triebgrund ist außen rundlich bis schwach dreikantig und häufig von mittelbraunen Blattscheidenresten umgeben. Bei einem Querschnitt am Triebgrund sieht man deutliche Luftkammern und die meist versetzt dreieckig angeorneten innersten Blattscheiden. Durch unterirdische Ausläufer, die wir beim Ausreißen aber selten mit heraus bekommen, ist der Wuchs locker horstig.

Hauptblütezeit: Mai – Juli

Die Waldsimse finden wir in wechselfeuchtem bis zügignassem Grünland. Sie ist ein **Nässezeiger**.

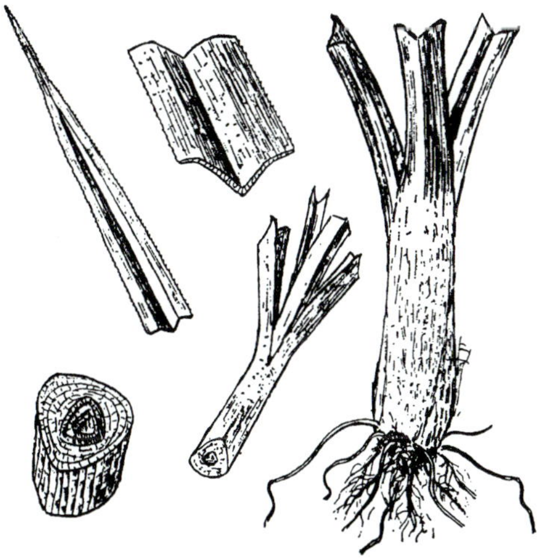

Borstgras, Bürstling

(Nárdus stricta) 2 / S

Süßgras

Der Bürstling ist ein Horstgras mit einem einseitig nach vorne wachsenden, brettartigen Wurzelstock und kräftigen, drahtigen, meist senkrecht nach unten stehenden Wurzeln.

Die Blätter sind etwas steif und abwärts rauh, häufig ± waagrecht abstehend und von oben gesehen oft wirbelig angeordnet. Die Blattspreite läßt sich nicht entfalten. Das Blatthäutchen ist deutlich sichtbar.

Der Wurzelstock ist häufig von guterhaltenen, strohigen, hellglänzenden Niederblattschuppen umgeben.

Hauptblütezeit: Mai – Juni

Das Borstgras finden wir in frischem bis wechselfeuchtem Magerrasen sowie auf Almen. Es ist ein unerwünschter **Versauerungs- und Magerkeitszeiger**.

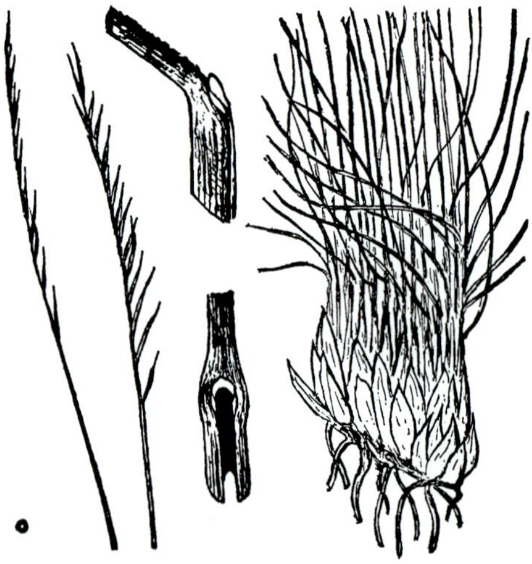

Schafschwingel, Echter Schafschwingel

(Festúca ovína) 3 / n–s

Süßgras

Der Schafschwingel entwickelt dichte, kugelige Horste mit zahlreichen bartförmig daranhängenden Blattscheidenresten.

Die Blätter sind borstenförmig, kurz, rinnig und nicht zu entfalten. Das Blatthäutchen ist kaum erkennbar.

Aus dem Horst lassen sich rundliche Triebbüschel herausreißen. Jeder Blatttrieb ist von strohfarbenen, abgestorbenen Blattscheiden umgeben.

Hauptblütezeit: Juni – Juli

Den Schafschwingel finden wir vor allem in trockenem bis wechseltrockenem Magerrasen. Er ist ein **Trockenheits- und Magerkeitszeiger**.

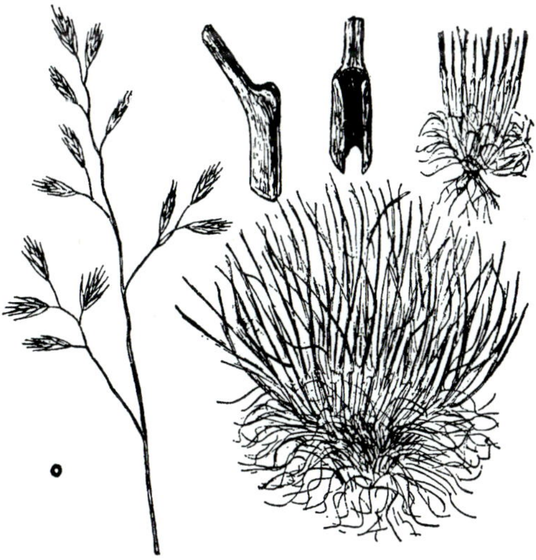

Drahtschmiele

(Avenénella flexuósa) 3 / S

Süßgras

Die Drahtschmiele bildet lockere Horste oder gar Rasen aus. Die Triebe hängen zumeist an dünnen, drahtartigen, oft jedoch von Blattscheidenresten umgebenen Verbindungsstücken.

Das Blatt selbst ist borstenförmig, rinnig und nicht entfaltbar. Es ist aber etwas weich, schlaff und glatt. Das weiße Blatthäutchen ist deutlich sichtbar, oben oft etwas verbreitert und in der Mitte eingekerbt.

Die Blattscheidenreste am Triebgrund sind hell, strohig und manchmal stärker fasernd.

Hauptblütezeit: Juni – August

Wir finden die Drahtschmiele in trockenem bis frischem Magerrasen. Sie ist ein **Versauerungs- und Magerkeitszeiger**.

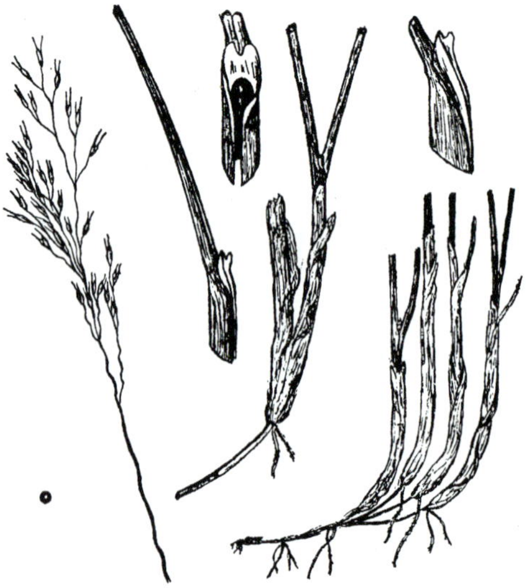

Horstschwingel, Horstrotschwingel

(Festúca nigréscens) 4 / n–S

Süßgras

Der Horstschwingel entwickelt lockere bis ziemlich dichte Horste. Auffallend sind seine borstenförmigen, jedoch entfaltbaren, meist langgezogenen Blätter sowie die mittel- bis schokoladebraunen, aber hellnervigen Blattscheidenreste am Triebgrund.

Beim Entfalten der Blattspreite werden deutlich mehrere Riefen sichtbar. Es ist kein eigentlicher Blattgrund vorhanden. Das Blatthäutchen ist höchstens als Saum erkennbar.

Am Triebgrund finden wir häufig zahlreiche abgestorbene, aber meistens bereits stärker zersetzte Blattscheidenreste. Die unteren Blattscheiden sind oft rötlich angehaucht.

Hauptblütezeit: Juni – Juli

Den formenreichen Horstschwingel finden wir im trockenen bis wechselfeuchten Magerrasen, vorwiegend auf sauren Böden.

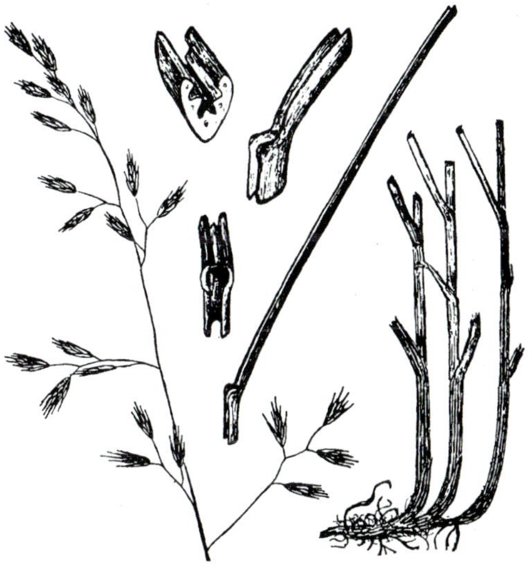

Schmalblättrige Wiesenrispe

(Póa praténsis ssp. angustifólia) (7) / b–s

Süßgras

Die Schmalblättrige Wiesenrispe bildet durch unterirdische Ausläufer lockere Rasen aus. Bei ihr finden wir am Triebgrund helle, strohfarbig bis gelbliche, abgestorbene Blattscheidenreste.

Das Blatt ist borstenförmig, sehr lang und meistens platt zusammengedrückt. Beim Entfalten – was mitunter ziemlich schwierig ist – werden keine Riefen sichtbar, sondern nur eine feine Doppelrille entlang der Blattmitte. Das Blatt ist weiters etwas steif und bis zur plötzlich hochgezogenen Spitze ± gleich breit. Das Blatthäutchen ist zumindest bei den untersten Blättern von außen nicht sichtbar.

Hauptblütezeit: Mai – Juni

Die Schmalblättrige Wiesenrispe finden wir vor allem im mäßig trockenen, humosen Magerrasen.

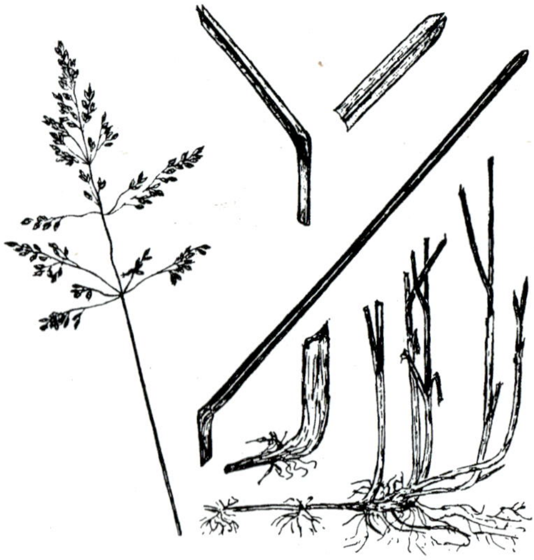

Gemeine Rispe, Gemeines Rispengras

(Póa triviális) 7 / b–s

Süßgras

Die Gemeine Rispe entwickelt durch oberirdische Ausläufer oft filzige Rasen. Bei der ± borstenförmigen Form – die wir vor allem nach der Blütezeit im Unterwuchs finden – sind die Blätter besonders weich und hadrig. Sie laufen in eine langgezogene Spitze aus. Die Blattunterseite glänzt öfters sehr stark. Die Doppelrille auf der Blattoberseite ist nicht immer deutlich erkennbar. Das weißliche Blatthäutchen ist hinten etwas hochgezogen und manchmal bei den unteren Blättern von außen sichtbar.

Blattscheidenreste sind normal nur spärlich vorhanden. Sie sind hellstrohig, durchscheinend und werden leicht zersetzt.

Hauptblütezeit: Mai – Juni

Die gemeine Rispe bevorzugt frisches bis feuchtes, nährstoffreiches Grünland. Sie ist stickstoffliebend.

Knaulgras, Knäuelgras

(Dáctylis glomeráta) 7 / b–s

S ü ß g r a s

Das Knaulgras ist leicht erkennbar durch seine stark entwickelten Horste, den breiten, glanzlosen, ganz plattgedrückten Trieben und dem bereits von außen sichtbaren, weißlichen Blatthäutchen.

Die Blätter haben keine Doppelrille entlang der Blattmitte. Sie sind auch nicht auffallend gerieft und je nach Düngung hell- bis dunkelgrün gefärbt.

Der Triebgrund ist außen von zahlreichen hell- bis mittelbraunen Blattscheidenresten umgeben. Der innere, weißliche bis elfenbeinfarbige Triebgrund ist noch deutlich abgeflacht.

Hauptblütezeit: Mai

Das Knaulgras, robust, nachtriebfreudig, nutzungsunempfindlich, düngerdankbar, aber frühreif, finden wir in trockenem bis wechselfeuchtem Dauergrünland. Es wird für Dauergrünland- und Ackergrünlandsaaten verwendet. **Stickstoffzeiger**.

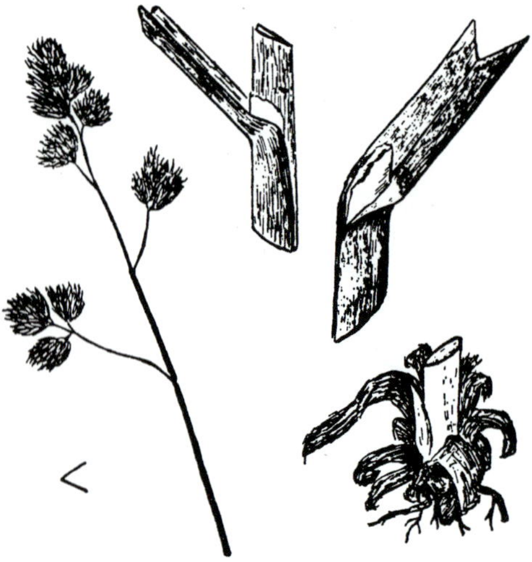

Rohrglanzgras

(Phálaris arundinácea) 5 / b–s

Süßgras

Das Rohrglanzgras ist infolge seiner kräftigen unterirdischen Ausläufer locker- bis dichtrasig. Ins Auge springend ist das breite, flache, vielriefige Blatt mit dem langen, weißlichen, hinten hochgezogenen Blatthäutchen.

Der riefenlose Blattgrund ist gelbgrün, die Blattspreite selbst zumeist hellgrün. In der Blattscheide sehen wir normal in der Durchsicht deutliche Querverbindungen. Der Triebgrund ist von steifen, hell- bis mittelbraunen Blattscheidenresten umgeben. Auffallend sind jedoch die häufig rosafarbenen Ausläufer, Knospenschuppen und inneren Blattscheiden.

Hauptblütezeit: Juni – Juli

Das Rohrglanzgras finden wir vor allem in wechselfeuchten Wiesen, besonders in Ufernähe. Es ist nur jung genutzt als Futterpflanze, sonst als Streupflanze verwendbar. **Wechselnässezeiger**.

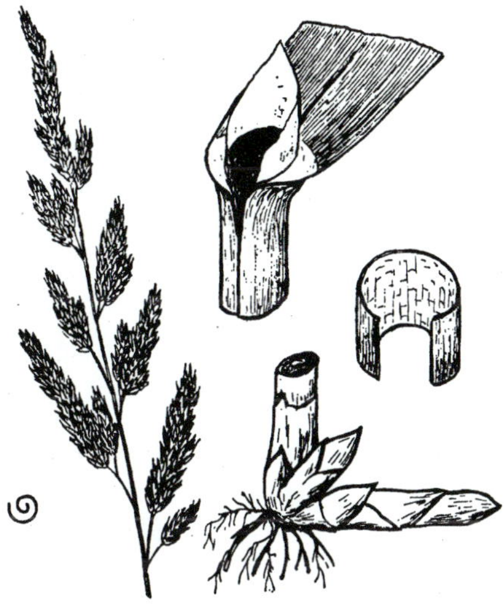

Schilfrohr, Schilf, Rohr

(Phragmítes austrális) 2 / –

Süßgras

Das Schilfrohr ist durch tiefliegende, kräftige Ausläufer ebenfalls locker- bis dichtrasig. Das sehr breite, feingeriefte Blatt hat jedoch kein Blatthäutchen, sondern einen ganz kurzen, meist silbrig schimmernden Haarsaum, der oft von einigen längeren Haaren überragt wird.

Der Blattrand ist schneidend scharf gezähnt, der Halm und die Blätter sind steif und grob. Eigentümlich ist eine fast auf jedem Blatt sicht- und fühlbare Quer-Wellenlinie

Der Triebgrund wird von strohfarbenen, glänzenden, festanliegenden, schuppenartigen Niederblättern umhüllt. Darunter liegen die hellbeigen, ebenfalls glänzenden Triebknospen.

Hauptblütezeit: Juli – September

Das Schilfrohr finden wir in feuchten bis nassen, Grundwasser führenden Wiesen. Es ist eine wertvolle Streupflanze.

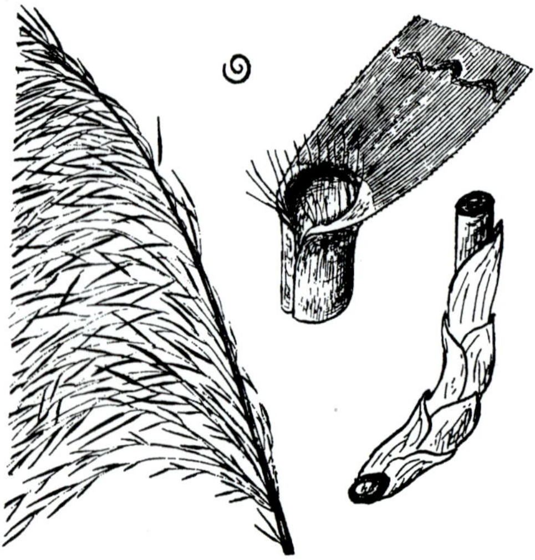

Besenried, Pfeifengras

(Molínia caerúlea) 2 / b–s

Süßgras

Das Pfeifengras bildet lockere bis sehr dichte Horste aus. Der Triebgrund ist zwiebelartig verdickt, die Wurzeln sind dick und stehen drahtig nach unten. Es fehlt das Blatthäutchen. Dafür finden wir Haarbüschel oder einzeln stehende Haare, insbesondere am vorderen Blattgrund.

Das steife Blatt verschmälert sich etwas zum Blattgrund hin. Es ist meist zerstreut langhaarig behaart.

Die Triebe stehen am Grund oft dicht und wurzelstockartig beisammen. Sie sind von steifen, strohigen, hellglänzenden Niederblättern umgeben. Die untersten, bauchigen Blattscheiden sind häufig auffallend violett gerandet.

Hauptblütezeit: Juni – August

Das Pfeifengras finden wir in wechselfeuchten bis staunassen Wiesen, vor allem bei extensiver Düngung und Nutzung. Es ist eine gute Streupflanze und ein **Magerkeitszeiger**.

Ruchgras, Gewöhnliches Ruchgras

(Anthoxánthum odorátum) 3 / n–S

Süßgras

Das Ruchgras ist ein zartes Gras mit kleinen, lockeren Horsten. Die Blätter sind nicht grob oder steif und am seitlichen und vorderen Blattgrundrand auffallend bärtig behaart.

Das Blatthäutchen ist mittellang, helldurchscheinend oder aber oft – wie auch der Blattgrund – braunviolett angehaucht. Das Blatt selbst ist leicht gerieft und meistens auch ganz leicht behaart. Häufig erscheint der Blattgrund ± geöhrt.

Die Blattscheidenreste am Triebgrund sind mittel- bis hellbraun, manchmal auch strohig.

Hauptblütezeit: Apri – Juni

Das sehr früh blühende Ruchgras ist besonders in mageren, mäßig trockenen bis feuchten Wiesen und Weiden stärker vertreten. Es ist ein ertragsarmer **Magerkeitszeiger**.

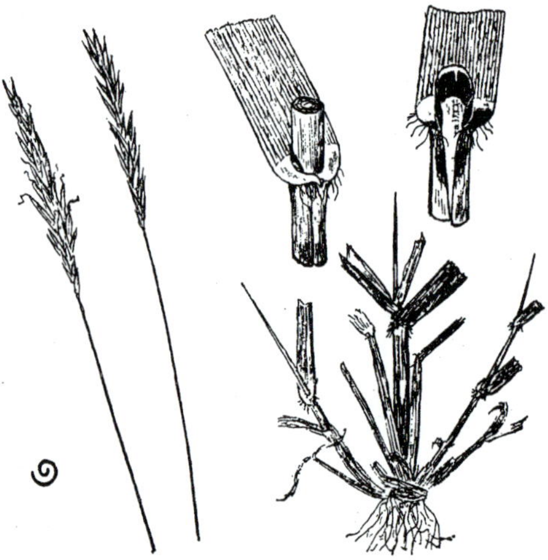

Rohrschwingel

(Festúca arundinácea) 4 / b–n

Süßgras

Der Rohrschwingel ist ein grobes, robustes Gras mit kräftigen Horsten. Der Blattgrundrand und die Blattöhrchen sind deutlich erkennbar gezähnt oder bewimpert.

Das breite, etwas steife und starre Blatt ist frischgrün und kahl. Auf der Oberseite ist es deutlich gerippt, auf der Unterseite oft glänzend. Das Blatthäutchen ist grünlich, ± steif, ganzrandig und kürzer als der Blattgrund. Die Blattscheiden sind im oberen Teil häufig rauh.

Der äußere Triebgrund ist von dunkel- bis mittelbraunen, außen oft strohfarbenen Blattscheidenresten umgeben. Der innere Triebgrund ist häufig intensiv gelblich und die Triebknospen auffallend rotviolett angelaufen.

Hauptblütezeit: Juni – Juli

Den Rohrschwingel finden wir im frischen bis feuchten Grünland, vor allem auf schlecht gepflegten Weiden. Er ist ein **Bodenverdichtungs- und Vernässungszeiger**.

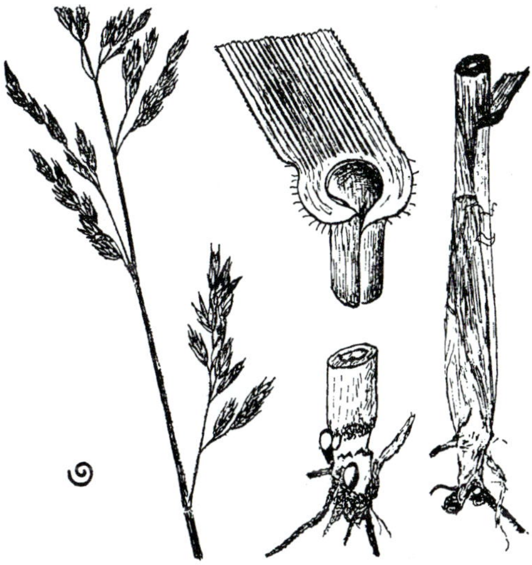

Baier, Quecke, Kriechende Quecke

(Agropýron répens) 6 / –

Süßgras

Die Quecke ist durch ihre langen unterirdischen Ausläufer rasenbildend. Auffallend sind die krallenartigen – bei älteren Pflanzen manchmal fehlenden – Blattöhrchen und das kurze, nur als derber Saum erkennbare Blatthäutchen.

Die grauen bis graugrünen Blattspreiten stehen starr nach oben. Sie sind auch auf der Unterseite nie speckig glänzend. Die Oberseite ist leicht gerieft. Es gibt kahle bis stark behaarte Pflanzen.

Typisch sind ihre dicken, weißlichfleischigen Ausläufer mit den braunen, meistens gefransten Niederblättern.

Hauptblütezeit: Juni – Juli

Die Quecke ist ein gefürchtetes Ackerunkraut. Sie kommt aber auch im trockenen bis feuchten Grünland vor. Bei Massenauftreten ist sie ein **Stickstoffzeiger**.

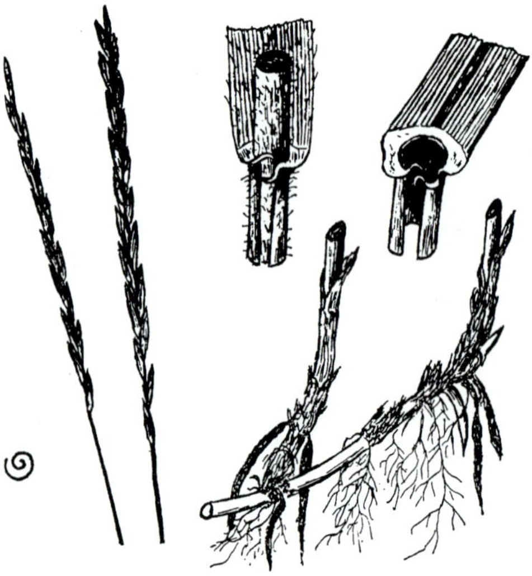

Deutsches Weidelgras, Englisches Raygras

(Lólium perénne) 8 / –

Süßgras

Das Englische Raygras ist ein rasenbildendes Horstgras mit frischgrünen, unterseits speckig glänzenden Blättern. Bei den Jungtrieben ist das jüngste sichtbare Blatt deutlich gefaltet und der Triebgrund rotviolett gefärbt.

Die Blattoberseite ist deutlich gerieft. Der Blattgrund der Jungtriebe ist meistens erkennbar geöhrt. Das mittellange Blatthäutchen ist grünlich durchscheinend, die ganze Pflanze kahl. Außerhalb des rotvioletten Triebgrundes finden wir normal zahlreiche mittel- bis dunkelbraune Blattscheidenreste.

Hauptblütezeit: Mai – Juli

Das weidefeste, in rauheren Lagen jedoch nicht genügend winterharte Englische Raygras finden wir vorwiegend in frischen bis wechselfeuchten Weiden günstiger Lagen, vor allem auf schweren Böden.

Es wird daher für Dauerweidesaaten und kurzlebiges Feldfutter verwendet. Von ihm gibt es wertvolle blattreiche, winterhärtere Zuchtsorten.

Kammgras

(Cynosúrus cristátus) 6 / b–s

Süßgras

DAs Kammgras ist ein blattarmes, kleine Horste bildendes Untergras. Vom Englischen Raygras unterscheidet es sich vor allem durch den weißlichen, im untersten Teil oft gelb – jedoch nie rotviolett – gefärbten Triebgrund. Hier finden wir auch öfters die als gelbe Knöpfchen sichtbaren Triebknospen,

Die frischgrünen Blätter sind auf der Oberseite deutlich, auf der Unterseite manchmal angedeutet gerieft. Das kurze bis mittellange, durchsichtig helle, zuweilen aber bräunliche Blatthäutchen ist vorne häufig lappenartig hochgezogen,

Der Triebgrund der kahlen Pflanze ist von mehreren hell- bis gelbbraunen Blattscheidenresten umgeben.

Hauptblütezeit: Juni – Juli

Das Kammgras finden wir im frischen bis wechselfeuchten Dauergrünland. Auf der Weide werden die zähen Halme oft verschmäht. Es wird nur ausnahmsweise für Weideansaaten verwendet und ist ein **Lehmzeiger**.

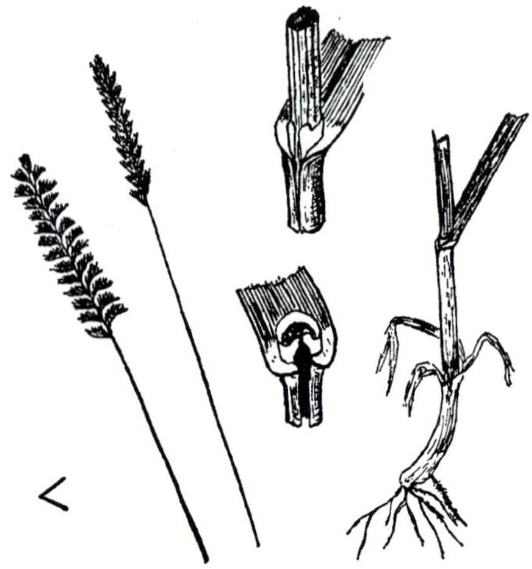

Wiesenschwingel

(Festúca praténsis) 8 / b–s

Süßgras

Der Wiesenschwingel ist ein weidefestes Horstgras mit gelbgrünen, unterseits speckig glänzenden und oben deutlich gerieften Blättern. Der Triebgrund ist rotviolett angelaufen, mindestens aber die untersten Knoten. Das jüngste Blatt der Jungtriebe ist deutlich gerollt. Im Gegensatz zum Italienischen Raygras hat der Wiesenschwingel ein etwas steifes, grünliches Blatthäutchen, das kürzer als der Blattgrund ist. Der Blattrand ist abwärts rauh, die ganze Pflanze kahl.

Der Triebgrund ist außen zumeist von mehreren mittel- bis dunkelbraunen, leicht fasernden Blattscheidenresten umgeben.

Hauptblütezeit: Juni – Juli

Der Wiesenschwingel bevorzugt frisches bis feuchtes Grünland und schwerere Böden. Er ist nur auf zusagenden Standorten ausdauernd, dort aber sehr wertvoll. Daher ist er ein wichtiger Bestandteil von Dauergrünland- und Ackergrünlandmischungen.

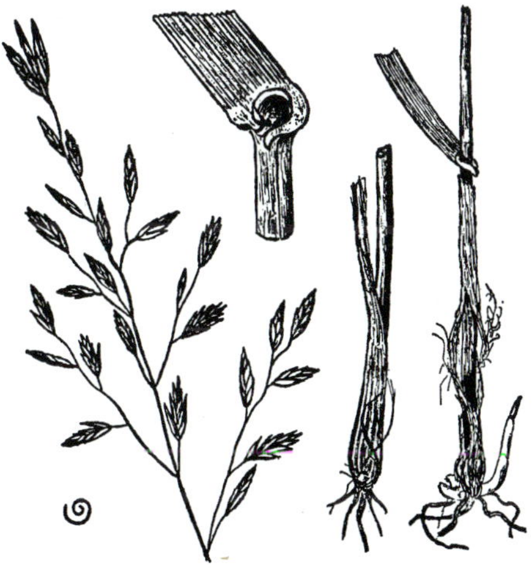

Italienisches Raygras, Welsches Weidelgras

(Lólium multiflórum) 7 / —

Süßgras

Das Italienische Raygras, ein kurzlebiges Horstgras, wird nichtblühend oft mit dem Wiesenschwingel verwechselt. Unterschiedlich ist vor allem das helldurchscheinende, über den Blattgrund hinaufragende Blatthäutchen, dessen seitliche Ränder häufig nach unten klappen, wenn wir die Blattscheide vom Trieb wegziehen.

Wir finden nur wenige, nicht stark fasernde, helle, durchscheinende Blattscheidenreste am rotvioletten Triebgrund. Die jüngsten Triebe stecken meistens noch in den länglichen, oben spitzbogig gerandeten Triebscheiden.

Hauptblütezeit: Juni – Juli

Das Italienische Raygras und das ähnliche *Common-Raygras* sind schnellwüchsig, düngerdankbar, robust aber nur überjährige Ackergrünlandgräser. Wir finden sie jedoch auch immer häufiger im intensiv mit Stickstoff gedüngten Dauergrünland. Etwas längerlebig ist das *Bastard-Weidelgras*, streng einjährig hingegen das raschwüchsige *Westerwoldische Raygras* oder *Einjährige Weidelgras*. Es gibt auch sehr blattreiche Zuchtsorten.

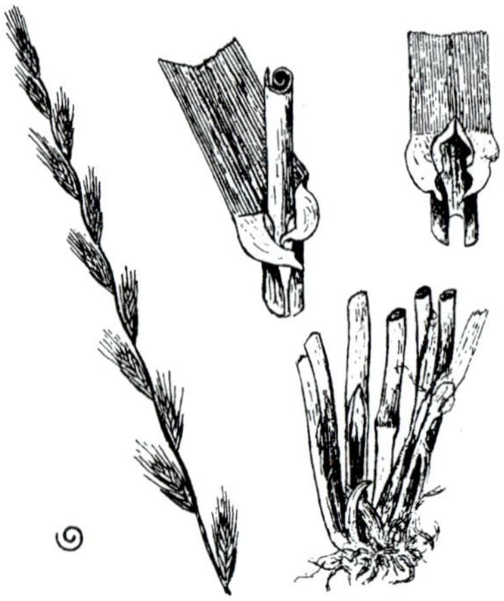

Flaumhafer

(Avénula pubéscens) 4 / b–s

Süßgras

Der Flaumhafer ist ein Horstgras mit behaarten Doppelrillenblättern, deren Form entwicklungsabhängig ist. Die Blätter von Halmtrieben sind kurz und breit, oft nur spärlich behaart. Die Doppelrille ist nicht besonders deutlich ausgeprägt, das Blatthäutchen mittellang und hinten hochgezogen. Die Blattscheidenränder sind häufig nach innen umgebogen, die Blattscheide selbst meistens auffallend reihig, weichborstig behaart.

Die sommerlichen Blätter der Blatttriebe sind hingegen lang und schmal. Sie sind mindestens im unteren Teil behaart, deutlich gefaltet und etwas steif. Sie haben ein kurzes, grünliches Blatthäutchen.

Hauptblütezeit: Mai – Juni

Wenn wir die Pflanze ausreißen, bleiben die Wurzeln meistens im Boden zurück. Die Blattscheidenreste sind hellfarbig.

Den Flaumhafer finden wir in trockenen bis feuchten Wiesen und im Magerrasen. Er ist nicht weidefest.

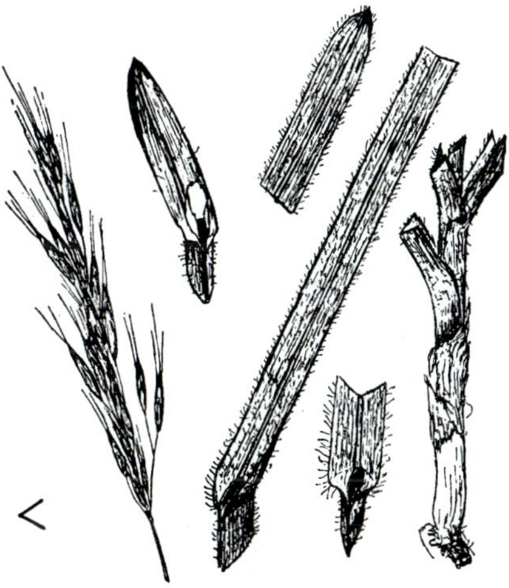

Wiesenrispe, Wiesenrispengras

(Póa praténsis) 8 / b–s

Süßgras

Die Wiesenrispe bildet durch ihre unterirdischen Ausläufer lockere bis geschlossene Rasen. Es gibt Formen mit entweder kurzen und breiten oder langen und schmalen, ± unbehaarten Schienenblättern. In beiden Fällen verschmälern sich die etwas steifen und intensivgrünen Blätter erst am Blattende in eine hochgezogene Spitze.

Das Blatthäutchen ist zumindest bei den unteren Blättern so kurz, daß es von außen nicht sichtbar ist. Die Blätter selbst sind ungerieft.

Am Triebgrund finden wir immer helle, strohige, nicht glänzende Blattscheidenreste.

Hauptblütezeit: Mai – Juni

Die Wiesenrispe kommt im trockenen bis feuchten Grünland vor, bevorzugt aber lockere, humose Böden. Sie ist düngerdankbar, weidefest und ein wertvoller Bestandteil von Dauergrünlandmischungen. Für kurzfristiges Ackergrünland ist sie weniger geeignet, da sie von anderen Arten leicht unterdrückt wird.

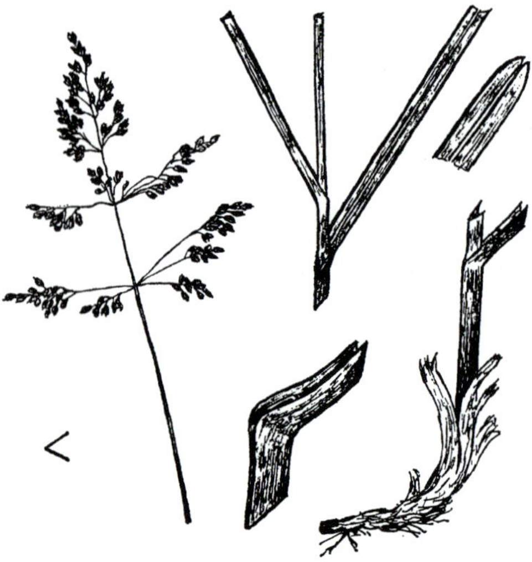

Einjähriges Rispengras, Jährige Rispe

(Póa ánnua) 5 / –

Süßgras

Die Jährige Rispe ist ein zierliches, nahezu ständig blühendes, häufig büschelig wachsendes Horstgras mit Schienenblättern.

Die Blätter sind hellgrün, kurz, hadrig und oft gerunzelt, kahl und ungerieft. Auch sie verjüngen sich erst am Blattende in eine plötzlich hochgezogene Spitze. Das Blatthäutchen ist mittelang, milchigweiß, oben gerade abgestutzt und von außen bereits deutlich sichtbar.

Die untersten Blattscheiden sind häutig, hell durchscheinend und daher wesentlich lichter als die dazugehörige Blattspreitenunterseite. Wenn wir eine Pflanze ausreißen, sehen wir die büschelförmig angeordneten, feinfasrigen Wurzeln.

Hauptblütezeit: zu jeder Jahreszeit

Die Jährige Rispe finden wir vor allem im frischen Trittrasen und gut gedüngten, etwas überanstrengten Weiden, im Unterwuchs und als Lückenbüßer.

Gemeine Rispe, Gemeines Rispengras

(Póa triviális) 7 / b–s

Süßgras

Die Gemeine Rispe hat oberirdische Ausläufer und bildet dadurch oft sogar geschlossene, filzige Rasen. Das riefenlose, kahle Schienenblatt verjüngt sich in eine langgezogene, gleichmäßig schmäler werdende Spitze.

Die Doppelrille ist oft nur undeutlich erkennbar, die Blattunterseite häufig stark glänzend. Die Blattscheiden sind meistens aufwärts rauh und etwas plattgedrückt. Das weißliche, hinten hochgezogene Blatthäutchen ist vielfach bereits bei den unteren Blättern von außen sichtbar.

Blattscheidenreste sind normal nur spärlich vorhanden. Sie sind zart hellstrohig und durchscheinend. Der Triebgrund ist vielfach an mehreren Stellen bewurzelt.

Hauptblütezeit: Mai – Juni

Die Gemeine Rispe bevorzugt frisches bis feuchtes, stickstoffgedüngtes Grünland. Dort finden wir sie häufig im Unterwuchs, da sie nach dem Schnitt unscheinbar bleibt. Auch in liegengelassenen Kleegrasschlägen ist sie oft bestandesbildend.

Aufrechte Trespe

(Brómus eréctus) 5 / b–n

Süßgras

Die Aufrechte Trespe ist ein Horstgras mit eigenartig lang und regelmäßig bewimperten Blattspreitenrändern.

Die Blattscheide ist nahezu bis oben verwachsen und häufig kurz und fein behaart. Das Blatthäutchen ist besonders bei den grundständigen Blättern kurz und durchscheinend.

Mehrere Triebbüschel sind zusammen häufig von oft stark fasernden, modrigen und eingedorrten, mittel- bis hellbraunen Blattscheidenresten baumstammartig umschlossen. Jeder Einzeltrieb ist außerdem von einer dicken Lage von abgestorbenen, innen gelblich bis rötlichen Scheidenresten eingehüllt. Die inneren Blattscheiden sind oft senkrecht violett gestreift.

Hauptblütezeit: Mai – Juli

Die Aufrechte Trespe finden wir in trockenen Magerwiesen, Magerrasen und auf Rainen. Sie liebt kalkhaltige Böden.

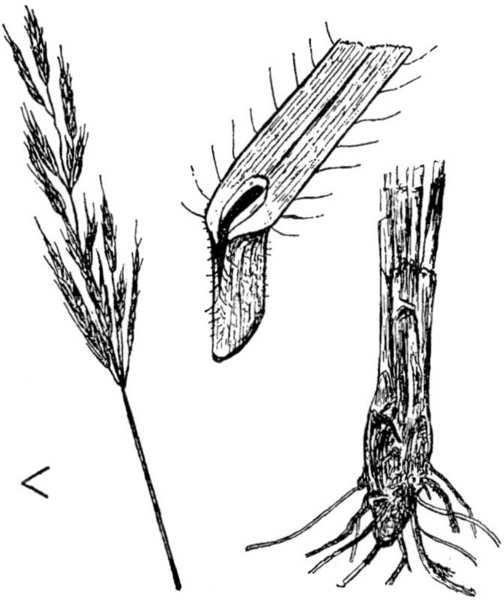

Weiches Honiggras

(Hólcus móllis) 3 / s–S

Süßgras

Das Weiche Honiggras ist durch seine unterirdischen Ausläufer lockerrasig. Auffallend sind neben den weichgriffigen Blättern die zottig behaarten, häufig noch in der Blattscheide versteckten Halmknoten. Unter dem Knoten ist der Halm immer kahl.

Die übrige Pflanze einschließlich der Blätter kann sehr unterschiedlich behaart sein. Die Blattscheiden sind nicht verwachsen, das Blatthäutchen ist mittellang und oben etwas gefranst.

Die grundständigen Blattscheiden sind meistens behaart und oft senkrecht bräunlich bis rotviolett gestreift. Der Triebgrund geht in die dicken, queckenartigen Ausläufer mit den hellen Niederblättern über.

Hauptblütezeit: Juli

Das Weiche Honiggras finden wir vorwiegend in höheren Lagen in frischen Magerwiesen und Magerrasen. Es ist ein **Magerkeits-, Versauerungs- und Sandzeiger** und auch ein Ackerunkraut.

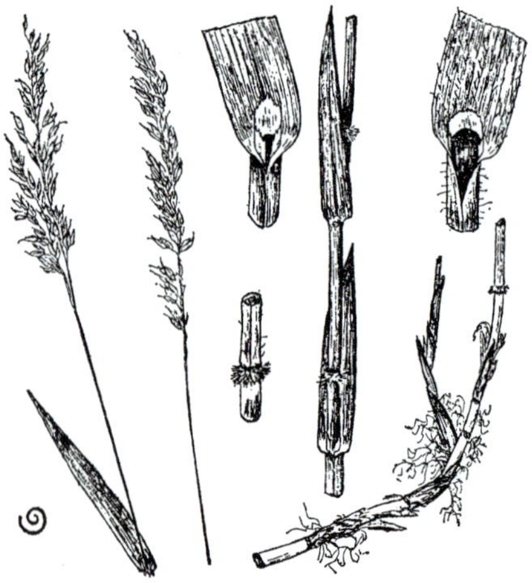

Wolliges Honiggras

(Hólcus lanátus) 4 / n–S

Süßgras

Das Wollige Honiggras ist ein kräftiges Horstgras mit besonders weichgriffigen Blättern. Die ganze Pflanze ist kurzsamtig behaart. Es bestehen keine Unterschiede in der Haarlänge zwischen Blattscheide, Halmknoten und Halm.

Das milchigweiße Blatthäutchen ist ebenfalls ziemlich lang und oben gefranst. Die Blattscheide ist bis zum darunterliegenden Halmknoten offen.

Auf den grundständigen Blattscheiden finden wir immer senkrechte, violette Streifen. Auch die Triebknospen sind an ihrer Ansatzstelle meistens violett gefärbt. Die Blattscheidenreste am Triebgrund sind deutlich behaart.

Hauptblütezeit: Juni

Das Wollige Honiggras finden wir im frischen bis nassen Grünland, insbesondere auf nährstoffreicheren, etwas sauren Böden.

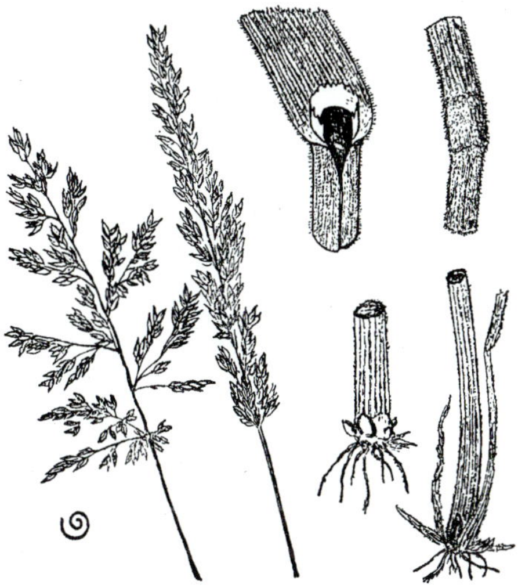

Fiederzwenke

(Brachypódium pinnátum) 2 / b–n

Süßgras

Die Fiederzwenke hat unterirdische Ausläufer und bildet daher oft geschlossene Rasen aus. Auffallend sind ihre hellgelbgrünen Blätter. Sie sind am Rande aufwärts bewimpert und in der Blattmitte am breitesten, so daß sie sich auch zum Grund hin stark verschmälern.

Die offenen Blattscheiden sind besonders im oberen Teil kurz und fein behaart. Das Blatthäutchen ist kurz und weißlich durchscheinend.

Am Triebgrund finden wir außen strohigglänzende, hell- bis mittelbraune Blattscheidenreste. Der innere Triebgrund ist hellfarbig. Auf ihm sitzen die glänzenden Triebknospen. Der etwas steife, Blattschuppen tragende Ausläufer ist zumeist mehrtriebig.

Hauptblütezeit: Juni – August

Die Fiederzwenke finden wir vor allem in trockenen, kalkhältigen Magerrasen und Hutungen. Sie ist ein **Magerkeits- und Trockenheitszeiger.**

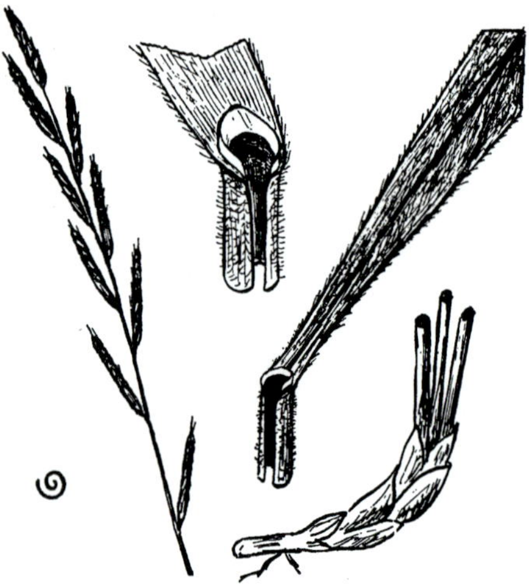

Goldhafer

(Trisétum flavéscens) 7 / b–s

Süßgras

Der Goldhafer ist ein ziemlich feinhalmiges Horstgras. Wenigstens die untersten, häufig schon abgestorbenen Blattscheiden sind deutlich abstehend und die Blattoberseite sowie oft auch die Unterseite seidig behaart. Die glänzenden Halmknoten sind normal kahl. Dafür sind aber die in seiner unmittelbaren Nähe liegenden Teile des Halmes und der Blattscheide oft zottig mit Haaren besetzt.

Das Blatthäutchen ist milchigweiß, oben gerade abgestutzt und sehr regelmäßig ganz fein gezähnt.

Die Wurzelansatzstellen und die Bestockungsknoten am inneren Triebgrund sind zumeist intensiv orange gefärbt.

Hauptblütezeit: Mai – Juni und August – September

Den Goldhafer finden wir vorwiegend im frischen bis wechselfeuchten Grünland der Berglagen bei mittelintensiver Düngung. Hier ist er ein wichtiger Mischungspartner für Dauergrünlandsaaten und langfristiges Ackergrünland.

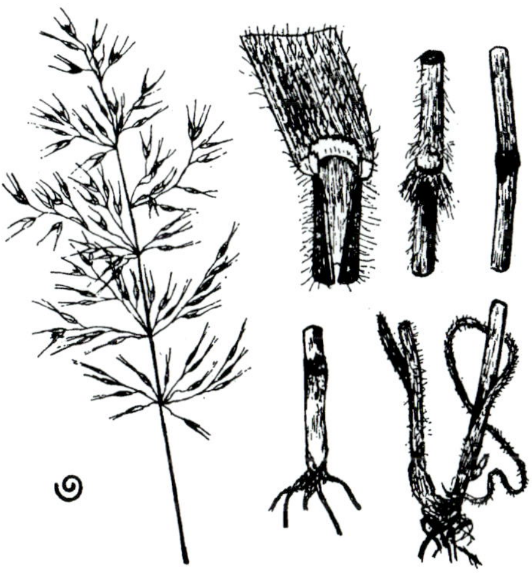

Weiche Trespe

(Brómus hordeáceus ssp. hordeáceus) 3 / –

Süßgras

Die Weiche Trespe ist ebenfalls ein Horstgras und selten ohne Blütenstände anzutreffen. Ihre Blattscheiden sind auffallend hoch hinauf verwachsen. Außerdem sind sie ebenso wie die Halmknoten länger behaart als der unmittelbar unter dem Knoten liegende, nur ganz kurzhaarige Halmteil.

Das Blatthäutchen ist mittellang, hell durchscheinend und oben etwas unregelmäßig gezähnt.

Am Triebgrund finden wir wenig abgestorbene Blattscheidenreste. Die inneren Blattscheiden sind grünlich, manchmal auch violett angehaucht, jedoch ohne auffallende senkrechte Streifen. Die Triebknospen im inneren Triebgrund sind ebenfalls grünlich und nicht violett gerandet.

Hauptblütezeit: Mai – Juni

Die Weiche Trespe finden wir vor allem in trockenen bis frischen Wiesen und Weiden, insbesondere an lückigen Stellen. Sie ist ein minderwertiger Lückenbüßer.

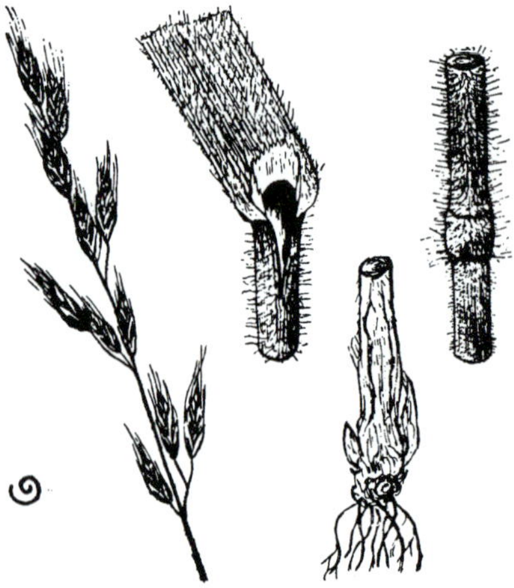

Glatthafer, Französisches Raygras

(Arrhenátherum elátius) 7 / b–s

Süßgras

Der Glatthafer ist ein kräftige Horste bildendes Obergras. Bei ihm ist höchstens die Blattspreitenoberseite zerstreut behaart. Die grundständigen Blattscheiden sind kahl. Auffallend sind auch die etwas starr vom Triebgrund wegstehenden, meist gelblich gefärbten Wurzeln.

Die häufig etwas starr nach oben stehenden Blätter glänzen nicht. Das Blatthäutchen ist mittellang, weißlich und nicht ganz regelmäßig gezähnt.

Die äußeren Blattscheiden sind hell- bis mittelbraun, manchmal auch violett angelaufen. Häufig sind der innere Triebgrund, besonders der Wurzelansatz, die Bestockungsknoten und oft auch die Triebknospen intensiv orange gefärbt.

Hauptblütezeit: Juni – Juli

Den leider nicht weidefesten Glatthafer finden wir in mäßig trockenen bis wechselfeuchten Wiesen günstiger Lagen bei guter Düngung und extensiverer Nutzung. Er wird auch für Dauerwiesen- und Ackergrünlandmischungen verwendet.

Timothe, Wiesenlieschgras

(Phléum prátense) 8 / –

Süßgras

Das Timothe ist ein horstbildendes Obergras. Der Triebgrund ist in den meisten Fällen ± stark zwiebelförmig verdickt. Außen ist er von zahlreichen hell- bis mittelbraunen, hell wellignervig zerfasernden Blattscheidenresten umgeben.

Das nicht glänzende Blatt ist kahl, ungerieft und hat häufig wellig verformte Blattränder. Das weißliche mittellange Blatthäutchen mit vorne oft eckzahnartigen Spitzen ist hinten meistens hochgezogen.

Der innere Triebgrund ist weißlich, manchmal auch violett angelaufen. Die Triebknospen sind außen am Rand behaart.

Hauptblütezeit: Mai – Juni (– September)

Das weidefeste, spätblühende Timothe finden wir im frischen bis wechselfeuchten Dauergrünland und häufig als Mischungspartner im Ackergrünland. Durch seine langsame Entwicklung wird es jedoch oft von anderen Arten unterdrückt.

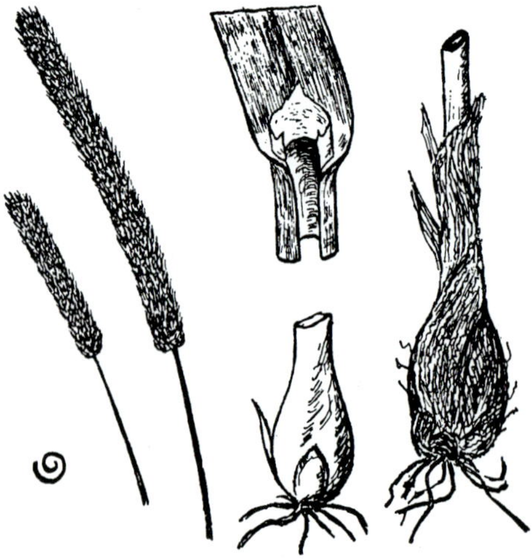

Zittergras

(Bríza média) 5 / b–s

Süßgras

Das Zittergras entwickelt durch seine kurzen, unterirdischen Ausläufer zarte, lockere Horste und Rasen.

Das Blatt ist hell graugrün, glanzlos, ungerieft und an den Rändern ganz fein aufwärts gezähnt. Der nicht zwiebelartig verdickte Triebgrund geht in den Ausläufer über und ist von intensiv mittelbraunen, fasernden, innen sogar glänzenden Blattscheidenresten umgeben.

Die Blatthäutchen sind unterschiedlich hoch; manchmal ganz kurz, manchmal mittellang. Der obere Rand ist aber immer glatt abgeschnitten und hell durchscheinend, manchmal aber bräunlich angehaucht. Der Blattscheidenrand ist ebenfalls häufig mit einem schmalen, hell durchscheinenden Hautrand versehen.

Hauptblütezeit: Mai – Juli

Das Zittergras finden wir im trockenen bis feuchten, meistens jedoch nährstoffarmen Dauergrünland. Es ist ein wenig Futtermasse liefernder **Magerkeitsanzeiger**.

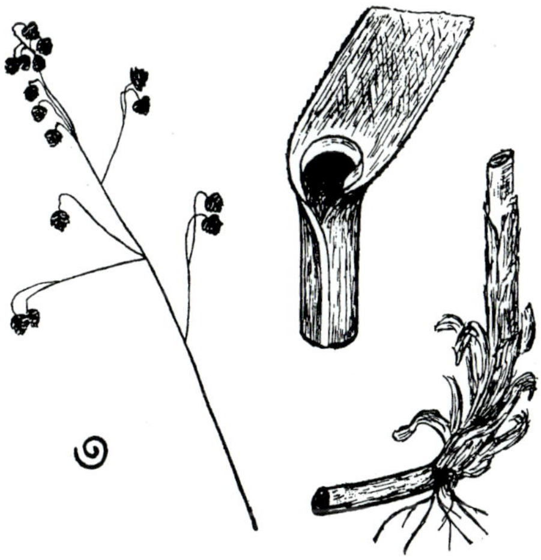

Rasenschmiele

(Deschámpsia cespitósa) 3 / b–s

Süßgras

Die Rasenschmiele entwickelt sehr dichte und grobe, schopfartige Horste. Die frischgrünen oberseits scharf dreikantig gerieften Blätter sind blattabwärts unangenehm rauh. Gegen das Licht gehalten, sehen wir in der Durchsicht zwischen den dunkleren Riefen nahezu weiße Streifen.

Das Blatt ist an der Ansatzstelle deutlich zusammengezogen schmal, das grünliche Blatthäutchen lang und etwas steif.

Aus den ± kugelförmigen Horsten können wir ganze Triebbüschel mit drahtig nach unten stehenden Wurzeln herausreißen. Der Triebgrund ist häufig außen von strohfarbenen und innen von gelbbräunlich durchscheinenden, etwas starren Blattscheidenresten umgeben.

Hauptblütezeit: Juni – August

Die Rasenschmiele finden wir im wechselfeuchten bis feuchten Grünland. Sie breitet sich besonders in schlecht gepflegten Weiden rasch aus. Ihre Bekämpfung ist wichtig.

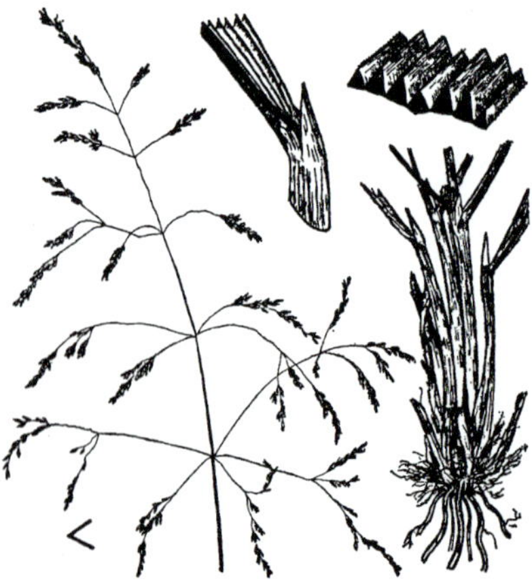

Rotschwingel

(Festúca rúbra ssp. rúbra) 5 / n–s

Süßgras

Der Rotschwingel ist durch unterirdische Ausläufer locker- bis dichtgrasig. Das schmale, etwas steife Blatt ist meistens langgezogen und hat auf seiner Oberseite nicht allzu viele, dafür aber deutliche Riefen. Das sehr kurze Blatthäutchen ist oft nur als Saum erkennbar.

Dem Blatt fehlt auch der nach vorne gezogene Blattgrund. Die oberen Blattscheidenränder sind dafür aber häufig lappig erhöht.

Am Triebgrund finden wir normal zahlreiche Blattscheidenreste. Sie sind meistens durchscheinend mittel- bis schokoladebraun mit hellen senkrechten Nerven. Die grundständigen Blattscheiden sind oft rötlich angehaucht.

Hauptblütezeit: Juni – Juli

Den Rotschwingel finden wir im frischen bis sehr feuchten Dauergrünland. Als weidefestes Untergras wird er den meisten Dauergrünlandmischungen beigegeben.

Wiesenfuchsschwanz

(Alopecúrus prátensis) 7 / b–s

Süßgras

Der Wiesenfuchsschwanz hat unterirdische Ausläufer und ist daher rasenbildend, auf zusagenden Standorten sogar bestandesbildend. Der Triebgrund ist von mittel- bis schokoladebraunen, auffallend hellnervigen Blattscheidenresten und Niederblättern umgeben. Auch die tiefer am Ausläuferende liegenden Knospenschuppen sind meistens schokoladebraun.

Die langen, flachen Blätter haben einen normal ausgebildeten Blattgrund. Die Blattoberseite ist zumeist entlang der Blattmitte und an den Rändern weniger deutlich gerieft als das übrige Blatt. Das Blatthäutchen ist kurz bis mittellang, ganzrandig, grünlich, aber manchmal auch bräunlich.

Hauptblütezeit: Mai – Juli

Beim Ausreißen der Pflanze wird die dunkle Rinde der Wurzeln häufig abgestreift, so daß sie meistens auffallend weiß entgegenleuchten.

Den Wiesenfuchsschwanz finden wir in frischen bis wechselfeuchten, vor allem aber feuchten Wiesen. Das früh blühende Gras soll in keiner Mischung für diese Standorte fehlen.

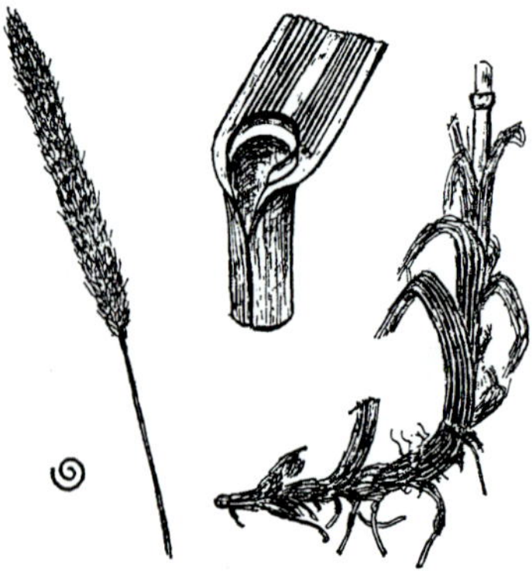

Rotes Straußgras

(Agróstis capilláris) 5 / n–s

Süßgras

Das Rote Straußgras ist durch seine unterirdischen Ausläufer lockerrassig, oft sogar – besonders auf ärmeren Standorten – bestandesbildend.

Es ist ein zierliches, sehr feinhalmiges Untergras. Die feingerieften, meist etwas starr aufrecht stehenden Blätter sind mattgrün. Das zarte, kurze bis mittellange Blatthäutchen ist hinten nicht auffallend hochgezogen, sondern gerade abgestutzt. Es ist zumeist hellgrün durchscheinend, manchmal auch braunviolett angelaufen.

Der Triebgrund ist von hell- bis mittelbraunen Blattscheidenresten und Niederblättern umgeben. Die inneren grundständigen Blattscheiden sind oft rotviolett angehaucht.

Hauptblütezeit: Juni – August

Das Rote Straußgras finden wir vorwiegend im frischen bis wechselfeuchten, etwas nährstoffarmen und sauren Dauergrünland der Berglagen. Ihm ähnlich ist das als Saatgut aus den USA zu uns kommende *Highland-Bentgrass.*

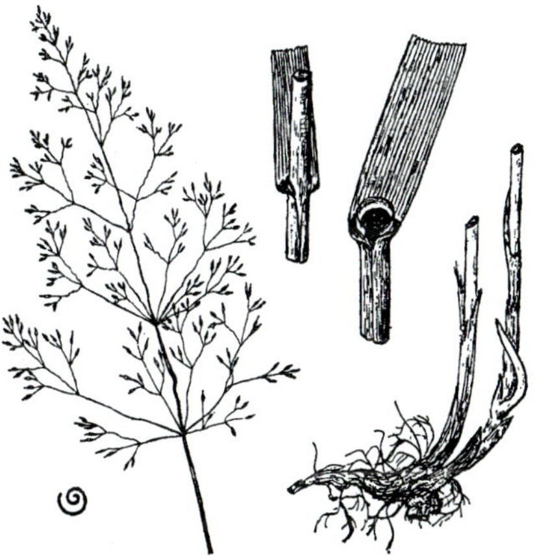

Flechtstraußgras, Weißes Straußgras

(Agróstis stolonifera ssp. prorépens) (4) / b–n

Süßgras

Das Flechtstraußgras bildet durch seine stark bewurzelten und verzweigten oberirdischen Ausläufer dichte, verfilzte Rasen. Es ist besonders zart und feinhalmig.

Die Blätter sind grau- bis frischgrün, deutlich fein gerieft und etwas starr nach oben stehend. Das zarte, weißlich durchscheinende Blatthäutchen ist lang und hinten in eine Spitze hochgezogen.

Der Triebgrund und die verzweigten und verflochtenen, stark weißlichfilzig bewurzelten Ausläufer sind von hell- bis mittelbraunen Blattscheidenresten und Niederblättern umgeben.

Hauptblütezeit: Juni – August

Das Flechtstraußgras finden wir im feuchten und zumeist auch überschwemmten Dauergrünland. In solchen Weiden breitet es sich manchmal geradezu teppichartig aus.

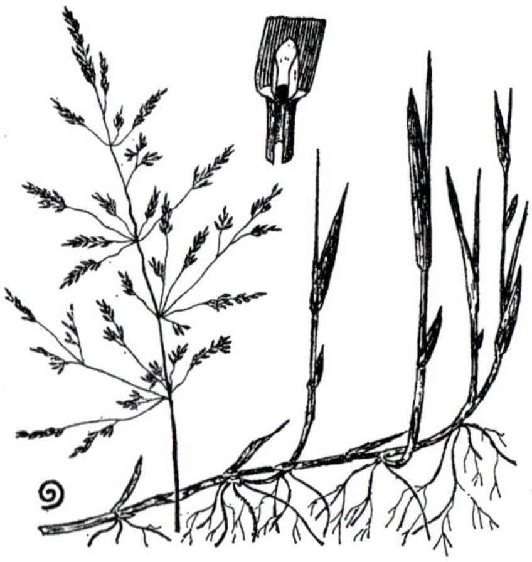

Fioringras

(Agróstis gigantéa) 7 / b–s

Süßgras

Das Fioringras bildet durch seine kurzen, vorwiegend unterirdischen Ausläufer lockere Rasen. Die ganze Pflanze ist etwas kräftiger, jedoch nie ausgesprochen grob. Die oberseits deutlich feinriefigen Blätter stehen ebenfalls starr nach oben. Sie sind wie bei den anderen Arten auch kahl und nicht glänzend. Das Blatthäutchen ist gleichfalls zart, lang, weißlich und hinten hochgezogen.

Am Triebgrund und den zumeist unterirdischen, nicht filzig verflochtenen Ausläufern finden wir auch die hell- bis mittelbraunen Blattscheidenreste und Niederblätter.

Hauptblütezeit: Juni – Juli

Das wie die anderen Straußgräser sehr spät blühende Fioringras finden wir vorwiegend in sehr feuchten bis nassen Wiesen. Hierher gehören auch der aus den USA kommende *Red Top* sowie die meisten Zuchtsorten.

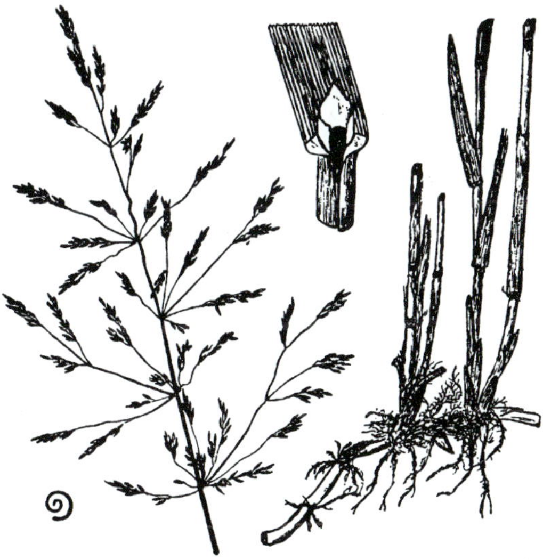

Ackerschachtelhalm

(Equisétum arvénse) 0 / –

Schachtelhalmgewächs – Sporenpflanze

Der Ackerschachtelhalm besteht scheinbar nur aus grünen, gerippten und gegliederten, leicht auseinanderzupfbaren Halmen und quirlförmig angeordneten Ästen.

Das erste Astglied ist bei ihm immer nahezu so lang oder länger als die vielzipfelige, meistens schwarzspitzige Halmscheide.

Die unmittelbar am Halm sitzenden, kurzen, gezähnten Astscheiden sind normal grün und nur ausnahmsweise dunkel gefärbt.

Sporenträgerausbildung: März – April

Wir finden den ungiftigen, aber wertlosen Ackerschachtelhalm mit seinen tiefstreichenden, unterirdischen Ausläufern im oberflächlich trockenen bis feuchten Grünland. Er ist ein **Lehm- oder Unterbodenfeuchtezeiger.**

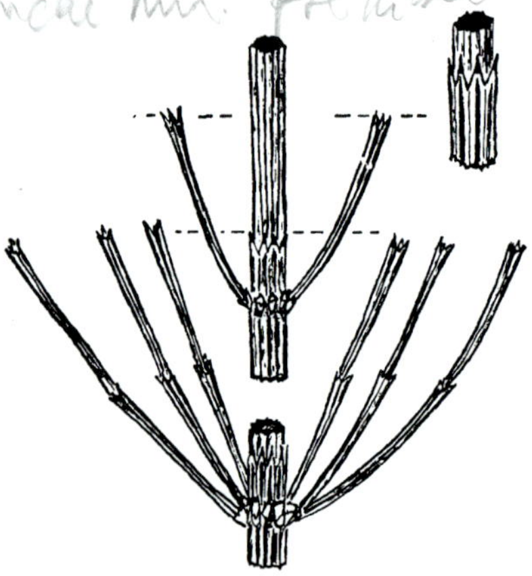

Sumpfschachtelhalm, Duwock

(Equisétum palústre) –1 / –

Schachtelhalmgewächs – Sporenpflanze

Der Sumpfschachtelhalm gleicht in seinem Aufbau weitgehend dem vorher beschriebenen Ackerschachtelhalm.

Das erste Astglied ist aber bei ihm wesentlich kürzer als die ebenfalls schwarzspitzige, außen herum jedoch meistens weiß gerandete Halmscheide. Außerdem sind die am Halm aufsitzenden Astscheiden bei ihm normal dunkelbraun bis schwarz gefärbt.

Sporenträgerausbildung: Juni – September

Den sehr giftigen Sumpfschachtelhalm finden wir, wie schon sein Name sagt, im wechselfeuchten bis nassen Dauergrünland, besonders jedoch in Naß- und Moorwiesen. Durch Wuchsstoffmittelanwendung kann er entgiftet werden. Die Ausrottung ist wegen seiner tiefliegenden Ausläufer jedoch äußerst schwierig und vielfach nur durch die Regelung der Wasserverhältnisse möglich. Dies ist jedoch heute selten sinnvoll.

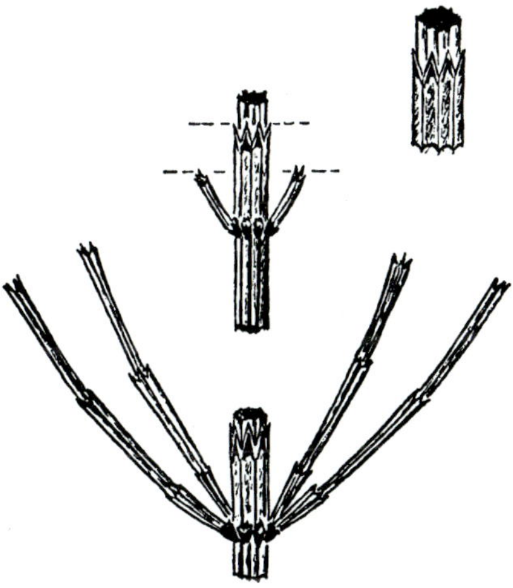

Echtes Labkraut

(Gálium vérum) 3 / b–s

Krappgewächs

Das Echte Labkraut hat nadelartig schmale, ungegliederte Blätter. Sie sind auf der Oberseite oft dunkelgrün glänzend und immer quirlartig am Stengel angeordnet.

Der Blattrand ist nach unten umgebogen. Auf der Blattunterseite ist der etwas erhöhte Mittelnerv deutlich erkennbar. Jeder Blattquirl besteht normal aus 7–10 nadelförmigen Blättern.

Der bräunliche oder häufig auch grüne Stengel ist meistens schwach vierkantig und glatt.

Die kleinen, zarten Blüten sind intensiv gelb.

Hauptblütezeit: Juni – September

Das Echte Labkraut finden wir in trockenen bis wechseltrockenen Wiesen und manchmal auch in Magerweiden. Es liebt kalkhältige Böden und wärmere Lagen.

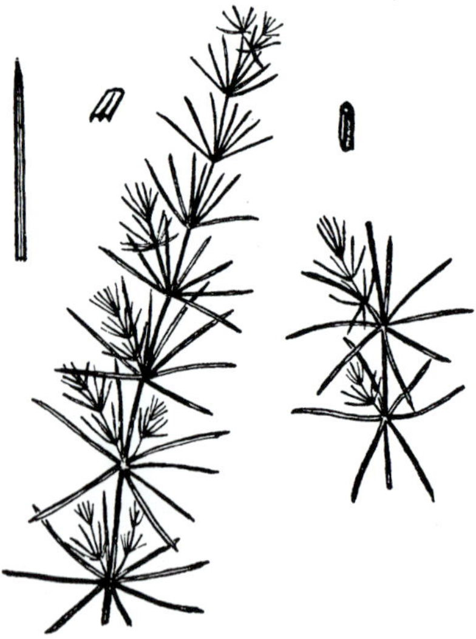

Frühlingslabkraut, Frühlingskreuzlabkraut

(Cruciáta glábra) (3) / b–s

Krappgewächs

Das Frühlingslabkraut hat nur 4 dreinervige Blätter je Quirl. Die ganze Pflanze ist etwas zart. Der vierkantige Stengel ist meistens kahl. Die Blätter sind nur an den Rändern zart behaart und etwa 1 Zentimeter lang.

Die kleinen, gelblichen Blüten stecken büschelweise in den Blattachseln.

Hauptblütezeit: April – Juni

Das Frühlingslabkraut finden wir in frischen Wiesen und Weiden, vor allem in Waldnähe, manchmal sogar am selben Standort wie auch das Kreuzlabkraut.

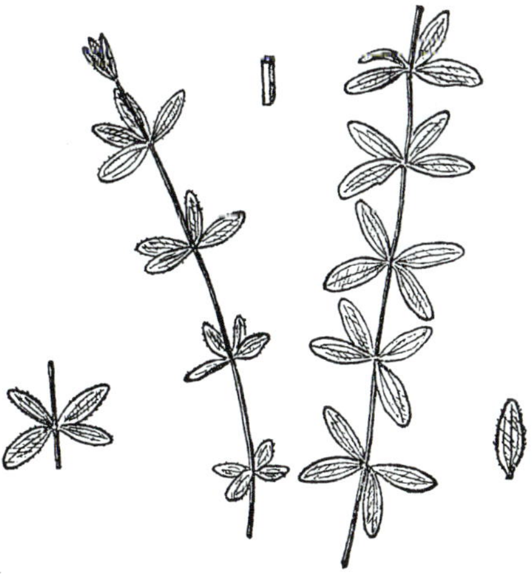

Kreuzlabkraut

(Cruciáta laēvipes) (3) / b–s

Krappgewächs

Sehr ähnlich dem Frühlingslabkraut, aber im ganzen kräftiger und auffallend stark behaart. Es hat auch etwas längere dreinervige Blätter.

Die kleinen, gelblichen Blüten stecken ebenfalls büschelweise in den Blattachseln.

Hauptblütezeit: April – Juni

Das Kreuzlabkraut und das Frühlingslabkraut finden wir manchmal sogar nebeneinander in frischen Wiesen und Weiden, vor allem in Waldnähe.

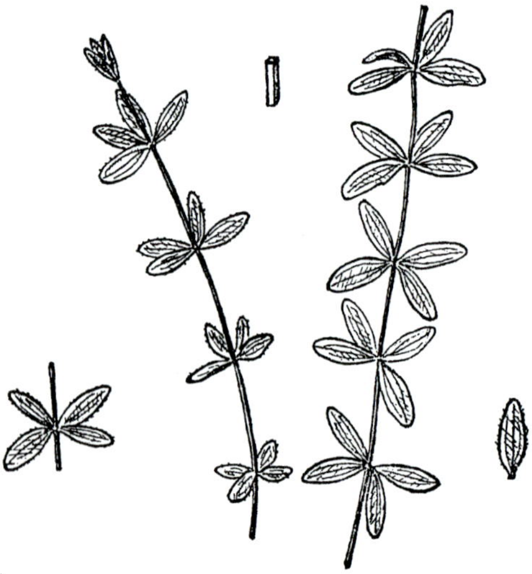

Moorlabkraut

(Gálium ugliginósum) 3 / s–n

Krappgewächs

Das ebenfalls zarte Moorlabkraut hat meistens mehr als 4, häufig 5 bis 7 schmale, einnervige Blättchen je Quirl.

Auffallend sind bei ihm die unangehm rauh gezähnten, klebenden Blattränder und Kanten des vierkantigen Stengels. Der Mittelnerv auf der Blattunterseite ist jedoch nicht gezähnt. Das Blattende läuft in eine deutliche Stachelspitze aus.

Das Moorlabkraut hat kleine, weiße Blüten.

Hauptblütezeit: Mai – August

Wir finden es in wechselfeuchten, wechselnassen bis nassen Wiesen und Moorwiesen.

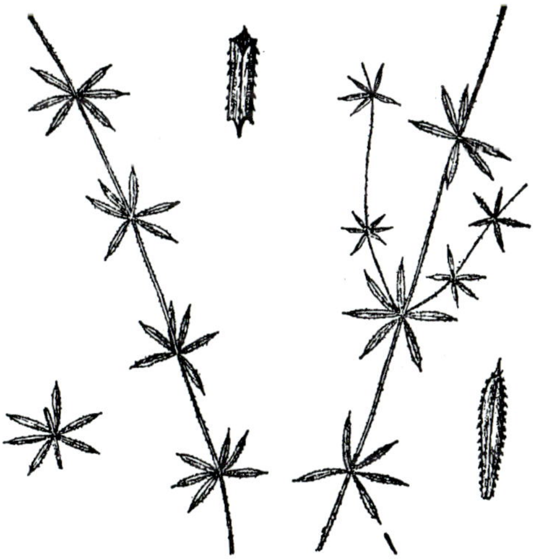

Klettenlabkraut

(Gálium aparíne) *(-1)* / s–n

Krappgewächs

Sehr ähnlich dem Moorlabkraut. Das Klettenlabkraut ist aber viel kräftiger.

Die Blattspitze ist beim ihm jedoch abgerundet und auch der Mittelnerv auf der Blattunterseite gezähnt.

Hauptblütezeit: Juni – Oktober

Wir finden das gefürchtete „Ackerunkraut" zuweilen in lückigen Grünlandbeständen. Es ist ein **Lehm- und Stickstoffzeiger**.

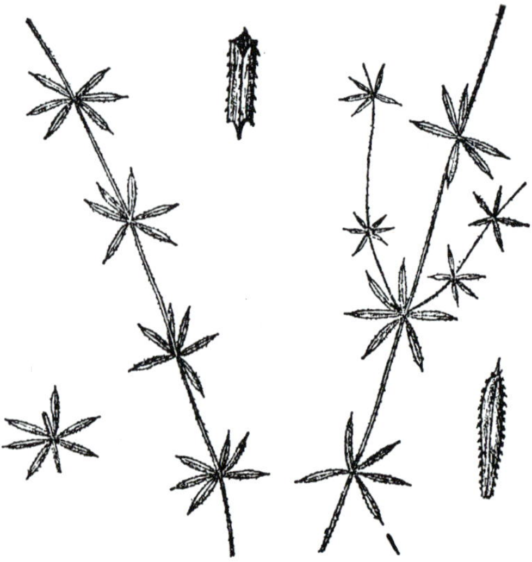

Wiesenlabkraut

(Gálium álbum ssp. álbum) 3 / s–b

Krappgewächs

Beim Wiesenlabkraut finden wir meistens 6 bis 10 Blättchen je Blattquirl.

Die Blättchen sind einnervig, nicht auffallend schmal, in der Breite aber stark schwankend. Der Blattrand ist nicht nach unten gerollt, höchstens ganz fein, aber nie spürbar rauh gezähnt. Am Blattende befindet sich eine deutliche Stachelspitze.

Der ebenfalls vierkantige Stengel ist glatt und nicht rauh gezähnt.

Die zarten Blüten sind weiß bis gelblich angehaucht.

Hauptblütezeit: Mai – September

Das Wiesenlabkraut finden wir in mäßig trockenen bis wechselfeuchten, meist gut gedüngten oder sonst nährstoffreichen Wiesen und Moorwiesen. Es ist ein **Nährstoffzeiger**.

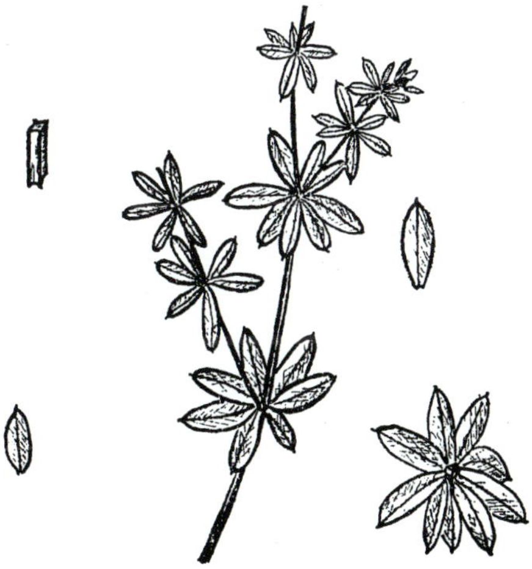

Pfennigkraut

(Lysimáchia nummulária) 1 / —

Primelgewächs

Das Pfennigkraut hat einen oberirdisch am Boden dahinkriechenden Ausläufer. Auf ihm sitzen paarweise die rundlichen bis ovalen "pfennigartigen", ganzrandigen Blättchen auf kurzen Blattstielchen.

Die Blätter sind kahl und häufig etwas ledrig.

Der manchmal etwas aufsteigende Kriechtrieb ist oft ein längeres Stück wurzelfrei, besonders am Triebende.

Die Blüten sind intensiv gelb.

Hauptblütezeit: Mai – Juli

Das Pfennigkraut finden wir im frischen bis wechselfreuchten, zumeist nährstoffreichen Grünland, vor allem im Unterwuchs. Es ist ein für den Ertrag unbedeutender **Lehmzeiger**.

Geflecktes Johanniskraut

(Hypéricum maculátum) 3 / s–S

Johanniskraut-Gewächs

Das Gefleckte Johanniskraut hat einen vierkantig leistenartig erhöhten, aber nicht abstehend geflügelten Stengel.

Die ovalen bis eiförmigen, ± ungestielten Blättchen sitzen paarweise am aufrecht wachsenden und häufig verzweigten Stengel. Beim Blatt sehen wir in der Durchsicht nur am Rand dunkle Pünktchen und auf der ganzen Blattfläche keine oder nur wenige durchscheinende helle.

Die Blüten sind gelb.

Hauptblütezeit: Juni – August

Das Gefleckte Johanniskraut finden wir vorwiegend im frischen bis nassen Magerrasen, vor allem aber in den feuchten Magerwiesen der Gebirgslagen auf sauren Böden. Es ist ein ab Ende Juni blühender **Magerkeitszeiger**.

Echtes Johanniskraut

(Hypéricum perforátum) 1 / n–s

Johanniskraut-Gewächs

Das Echte Johanniskraut hat schmal- bis breitovale Blättchen, die ebenfalls paarweise und ungestielt am rundlichen – aber zwei deutliche Leisten aufweisenden – Stengel sitzen.

Die ganzrandigen Blättchen sind am Rand ebenfalls dunkel punktiert. In der Durchsicht sehen wir jedoch auf der ganzen Blattfläche zahlreiche helle durchscheinende Pünktchen. Der steife Stengel ist aufrechtwachsend und verzweigt.

Die Blüten sind gelb.

Hauptblütezeit: Juli – August

Das Echte Johanniskraut finden wir hingegen zumeist im trockenen bis frischen Magerrasen. Es ist ebenfalls ein um den Johannistag (24. Juni) blühender **Magerkeitszeiger**.

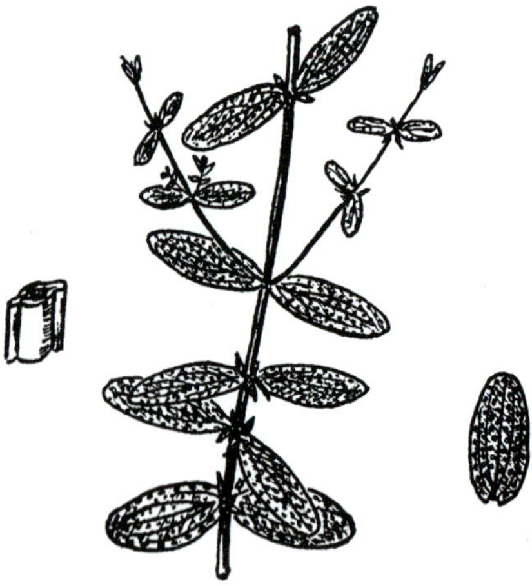

Rote- oder Taglichtnelke und
Weiße Lichtnelke

(Siléne dioíca, Siléne álba) 2 / b–s

Nelkengewächse

Die Rote und auch die Weiße Lichtnelke haben breit- bis spitzovale, paarweise am Grund verwachsene, ganzrandige und dicht behaarte, über 3 Zentimeter lange, weichgriffige Blätter.

Der ebenfalls dicht und weich behaarte Stengel ist an der Blattansatzstelle etwas verdickt.

Die Rote Lichtnelke hat rosa, die Weiße Lichtnelke weiße Blüten.

Hauptblütezeit: März – Juni (– September)

Die Rote Lichtnelke bevorzugt frische bis feuchte, zumeist nährstoffreichere Wiesen, vor allem im Bergland. Sie ist ein Nährstoffzeiger. Wir finden sie auch öfter in Kleefeldern und Gründlandansaaten, wo die etwas trockenere Standorte bevorzugende Weiße Lichtnelke allerdings häufiger vorkommt.

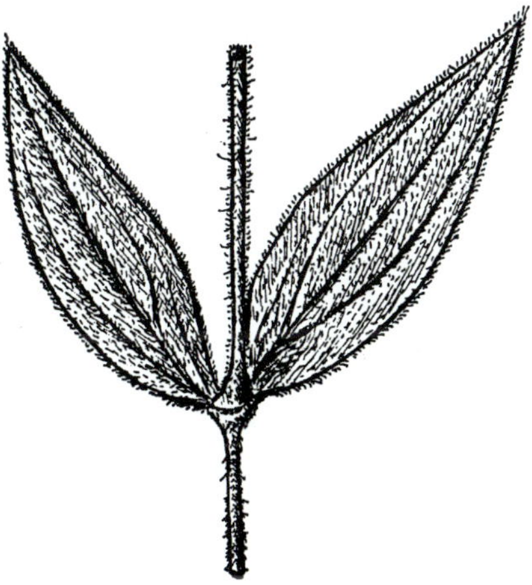

Aufgeblasenes Leimkraut

(Siléne vulgáris) 3 / b–s

Nelkengewächs

Das Aufgeblasene Leimkraut hat kahle, meistens spitzovale Blätter. Sie sind ganzrandig, graugrün bis graublau gefärbt und ebenfalls über 3 Zentimeter lang.

Der Stengel ist an der Ansatzstelle der paarweise am Grund verwachsenen Blätter auffallend, oft nahezu kugelförmig verdickt. Der ebenfalls kahle, glatte und nie klebende Stengel ist ± rundlich.

Die Blüte ist weiß, der Blütenkelch weitbauchig aufgeblasen.

Hauptblütezeit: Mai – September

Das Aufgeblasene Leimkraut finden wir vor allem im trockenen bis schwach frischen Magerrasen,

Kuckuckslichtnelke

(Lýchnis flós-cúculi) 1 / b–s

Nelkengewächs

Die Kuckuckslichtnelke hat einen kantigen, häufig kurz rauh behaarten, oft rot gefärbten und etwas gerillten Stengel.

Die Blätter sind hingegen meistens kahl und ebenfalls ganzrandig, langgezogen spitz und am Grund oft stielartig verschmälert. Trotzdem sind sie paarweise verwachsen und ± stengelanliegend aufrechtstehend. Auf der Unterseite haben sie einen deutlich hervortretenden, oft rot gefärbten Mittelnerv. Die oberen Stengelblattpaare sind wesentlich kleiner und schmäler als die tiefer am Stengel gelegenen.

Die rosa Blüten sind stark zerfranst.

Hauptblütezeit: Mai – Juli

Die Kuckuckslichtnelke finden wir in nassen sowie feuchten bis wechselfeuchten, meist nährstoffreicheren Wiesen. Sie ist ein **Feuchtezeiger** mit sehr geringem Futterwert.

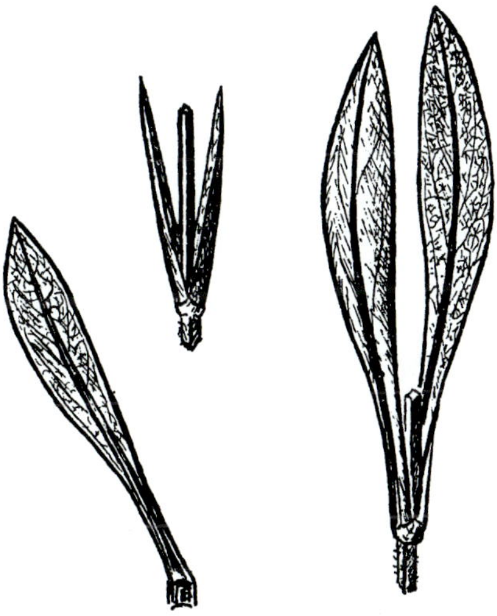

Blutweiderich

(Lythrum salicária) 2 / b–s

Weiderich-Gewächs

Der Blutweiderich hat ganzrandige, langgezogen spitze, weidenblattähnliche Blätter. Sie sitzen zumeist paarweise, manchmal auch quirlig zu dritt oder viert ungestielt am deutlich vierkantigen Stengel.

Der Blattrand, die Blattoberseite sowie die Rippen auf der Blattunterseite sind ganz kurz, aber deutlich behaart. Die Blätter sind über 3 cm lang.

Der Stengel ist oft rötlich gefärbt.

Die Blüten sind „blutrot“ dunkelrot.

Hauptblütezeit: Juni – September

Den Blutweiderich finden wir in wechselfeuchten bis feuchten, meistens nährstoffreichen Wiesen und in Naßwiesen.

Gewöhnlicher Thymian, Quendel

(Thýmus pulegioídes) 1 / n–s

Lippenblütler

Der Thymian hat ganz kleine, paarig, jedoch kurz gestielt am kriechenden oder etwas aufsteigenden Stengel angeordnete Blättchen.

Die Blättchen sind eiförmig bis oval und kaum behaart. Am Blattstielchen oder am unteren Blattrand finden wir jedoch meistens einige auffallend weitabstehende, einzelstehende Härchen.

Der Stengel ist kantig bis rundlich. Die ganze Pflanze riecht beim Zerreiben angenehm würzig.

Die Blüten sind rötlich.

Hauptblütezeit: Juni – Oktober

Den Thymian finden wir vorwiegend in trockenen bis etwas frischen Magerwiesen und Magerweiden, häufig auf etwas sauren Böden. Er ist ein **Magerkeitszeiger**.

Kleine Brunelle

(Prunélla vulgáris) 2 / b–n

Lippenblütler

Diese Art ist ohne Blüten kaum von der Großen Brunelle zu unterscheiden. Die Brunelle hat länglichspitze bis eiförmig-spitze, ganzrandige bis leicht und unregelmäßig gezähnte, paarige Blätter, die immer deutlich gestielt sind.

Die Behaarung schwankt in weiten Grenzen. Manche Pflanzen sind kahl, andere wieder weich abstehend behaart. Der meist kantige Stengel hat häufig etwas erhabene Leisten. Oft finden wir auch Ausläufer.

Die Blüten sind violett.

Hauptblütezeit: Juni – September

Die Kleine Brunelle finden wir im frischen bis feuchten, meist gut gedüngten Grünland. Sie ist ein **Nährstoffzeiger**.

Große Brunelle

(Prunélla grandiflóra) 2 / b–n

Lippenblütler

Diese Art ist ohne Blüten kaum von der Kleinen Brunelle zu unterscheiden. Die Brunelle hat länglichspitze bis eiförmigspitze, ganzrandige bis leicht und unregelmäßig gezähnte, paarige Blätter, die immer deutlich gestielt sind.

Die Behaarung schwankt in weiten Grenzen. Manche Pflanzen sind kahl, andere wieder weich abstehend behaart. Der meist kantige Stengel hat häufig etwas erhabene Leisten. Oft finden wir auch Ausläufer.

Die Blüten sind violett.

Hauptblütezeit: Juni – September

Die Große Brunelle ist viel seltener als die Kleine Brunelle. Sie bevorzugt kalkreiche, trockene Magerrasen.

Augentrost (verschiedene Arten)

(Euphrásia species) – 1 / n–s

Braunwurzgewächse

Die einzelnen Arten sind ohne Blüten nicht sicher zu bestimmen.

Der Augentrost ist ein kleiner, sehr zierlicher Halbschmarotzer mit etwa 1 Zentimeter großen, paarig, höchstens kurz gestielt am Stengel sitzenden Blättchen. Diese sind grob nach vorne gerichtet gezähnt. Der eigentümliche Verlauf der Blattnerven ist auf der Zeichnung deutlich erkennbar.

Der aufrechte Stengel ist dünn, rundlich, häufig bräunlich gefärbt und meistens leicht behaart.

Die weißlichen Blütchen haben gelbe und violette Flecken.

Hauptblütezeit: Mai – Oktober

Den Augentrost finden wir vorwiegend in frischen, mageren Wiesen und Weiden sowie im Magerrasen. Er ist ein typischer Halbschmarotzer und ein **Magerkeitszeiger**, der durch eine richtige Düngung ohne Chemieeinsatz leicht zu vertreiben ist.

Klappertopf (verschiedene Arten)

(Rhinánthus species) – 1 / (s–n)

Braunwurzgewächse

Auch hier sind die einzelnen Arten nichtblühend kaum zu unterscheiden.

Der Klappertopf hat etwas längere, gleichmäßig zugesitzt und am Rand sehr regelmäßig gezähnte, ungestielte Blätter. Die Blattnerven sind deutlich ausgeprägt.

Die Blätter sind ebenfalls paarweise am kantigen, meist zweireihig behaarten Stengel angeordnet.

Die Blüten sind gelb.

Hauptblütezeit: Mai – Juli

Der Klappertopf ist ein Halbschmarotzer. Besonders der im frischen bis nassen Grünland vorkommende *Kleine Klappertopf (Rhinánthus minor)* ist ein durch richtige Düngung ohne Chemieeinsatz leicht zu verdrängender **Magerkeitszeiger**.

Gamander-Ehrenpreis

(Verónica chamáedrys) 2 / –

B r a u n w u r z g e w ä c h s

Der zarte Gamander-Ehrenpreis hat einen oft etwas bräunlichen, auffallend zweireihig abstehend behaarten rundlichen Stengel.

Die ebenfalls paarig am Stengeln angeordneten Blättchen sind kurzstielig, selten über 2 Zentimeter lang, breiteiförmig und vorne spitz zulaufend. Der Blattrand ist sehr regelmäßig gezähnt und wie das übrige Blättchen kurz, fein und weich behaart.

Die Blütchen sind himmelblau.

Hauptblütezeit: April – Juni

Den Gamander-Ehrenpreis finden wir fast in jedem nährstoffreicheren, trockenen bis frischen Dauergrünland, zumeist im Unterwuchs.

Roßminze

(Méntha longifólia) 0 / b–s

Lippenblütler

Die Roßminze hat etwas gröbere, jedoch weichgriffige, paarig gekreuzt am Stengel angeordnete Blätter. Sie sind spitzoval und am Rand scharf gezähnt. Die Blattunterseite ist wollig-filzig, die Oberseite meist kurz behaart.

Die Blätter sitzen höchstens ganz kurz gestielt, meistens jedoch ungestielt am deutlich vierkantigen und ebenfalls häufig wollig-filzig behaarten Stengel.

Beim Zerreiben der Blätter ist deutlich der Minzengeruch wahrnehmbar.

Die Blüten sind lila oder rosa.

Hauptblütezeit: Juli – September

Die Roßminze finden wir vorwiegend im wechselnassen bis nassen, zumeist nährstoffreichen Grünland, besonders aber in etwas vernachlässigten Naßweiden. Sie ist ein verschmähtes „Unkraut" sowie ein **Nährstoff- und Nässezeiger**.

Große Brennessel

(Úrtica dioíca) 1 / b–s

Brennessel-Gewächs

Mit den Brennhaaren der Großen Brennessel hat bestimmt schon ein jeder von uns einmal eine unliebsame Bekanntschaft gemacht und sie durch Erfahrung kennen und achten gelernt.

Der Blattstiel der Blätter ist nicht so lang wie das Blatt selbst. Die Blätter sind paarig gekreuzt angeordnet, meist spitzeiförmig, oft etwas herabhängend, die Blattränder grob und scharf gezähnt.

Kleiner, aufrechtstehend und vor allem länger gestielt sind die Blätter der sonst sehr ähnlichen **Kleinen Brennessel** *(Úrtica úrens).*

Die kleinen, unscheinbaren Blüten sind grün.

Hauptblütezeit: Juni – September (– Oktober)

Die Großen Brennessel finden wir im frischen bis feuchten, vor allem stärker mit Stickstoff versorgten Grünland, insbesondere in etwas vernachlässigten Weiden. Beide Brennessel-Arten sind **Stickstoffzeiger**.

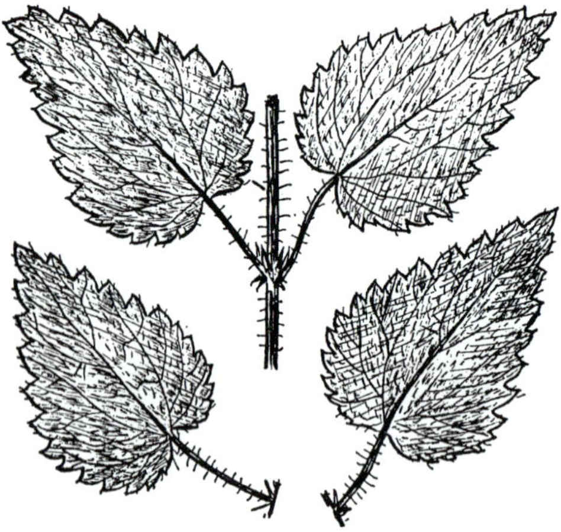

Weiße Taubnessel

(Lámium álbum) (3) / –

Lippenblütler

Die Weiße Taubnessel besitzt keine Brennhaare. Sie hat jedoch brennesselartige, spitzovale, am Rand scharf gezähnt bis gekerbte Blätter. Die Blattstiele sind etwa halb so lang wie das eigentliche Blatt, halbrund und oben mit einer Rille versehen.

Die Blätter sind paarig und abstehend weich bis steif behaart.

Der Stengel ist deutlich vierkantig und die Blattstiele sind am Stengel angedeutet verwachsen und auch behaart.

Die Blüten sind weiß.

Hauptblütezeit: April – Oktober

Die Weiße Taubnessel finden wir im frischen, nährstoffreichen, besonders mit Stickstoff gut versorgten Grünland. Sie ist ein unerwünschter **Stickstoffzeiger**.

Gundelrebe

(Glechóma hederácea) 1 / –

Lippenblütler

Die Gundelrebe hat rundliche bis nierenförmige, langgestielte, paarige Blättchen.

Die Blättchen sind je nach Nährstoffgehalt und Standort etwa 1 bis 5 Zentimeter groß. Der Blattrand ist deutlich gekerbt und außen mit etwas vorstehenden, kleinen Zähnchen besetzt.

Der am Boden dahinkriechende Ausläufer ist häufig an den Blattansatzteilen bewurzelt.

Die Blütchen sind blauviolett.

Hauptblütezeit: März – Mai

Die Gundelrebe finden wir im frischen bis nassen, meist nährstoffreichen Grünland im Unterwuchs. Sie ist ein **Nährstoffzeiger**.

Betonie, Heilziest

(Stáchys officinális) 2 / n–s

Lippenblütler

Beim Heilziest ist nur der Stengel paarig beblättert. Vor seiner Ausbildung finden wir vielfach nur die größeren, langgestielten, büschelförmigen Bodenblätter.

Die Bodenblätter haben oft sehr unterschiedliche Blattformen. Sie sind walzenförmig, oval, dreieckig bis langgezogen herzförmig. Der Blattrand ist aber in jedem Fall sehr regelmäßig grob gekerbt und der Blattstiel halbrund.

Blattrand, Blattoberseite, Blattstiel und die Mittelrippe sind oft ziemlich dicht weich behaart.

Die Blüten sind rot bis rosarot.

Hauptblütezeit: Juni – August

Den Heilziest finden wir im wechselfrischen bis wechselfeuchten Magerrasen sowie in mageren Berg- und Moorwiesen. Er ist ein **Magerkeits- und Wechselfeuchtezeiger**.

Wiesensalbei

(Sálvia praténsis) 2 / b –s

Lippenblütler

Auch beim Wiesensalbei sind nur die Stengelblätter paarig. Bis zu seiner Ausbildung finden wir nur die büschelförmigen, langgestielten, größeren Bodenblätter.

Die Blätter sind matt und oval bis spitzoval. Sie haben eine stark gerunzelte, narbige Oberfläche. Der Blattrand ist sehr unregelmäßig, oftmals doppelt - also grob und fein - gekerbt. Der Blattstiel, die Blattnerven, aber auch das übrige Blatt sind weich behaart. Auf der Blattunterseite treten die Nerven ganz deutlich erhöht hervor.

Die Blüten sind blauviolett.

Hauptblütezeit: April – August

Der Wiesensalbei bevorzugt trockenes bis mäßig frisches Dauergrünland, vor allem kalkhaltige Trocken- und Magerrasen. Er ist ein nicht weidefester **Trockenheitszeiger**.

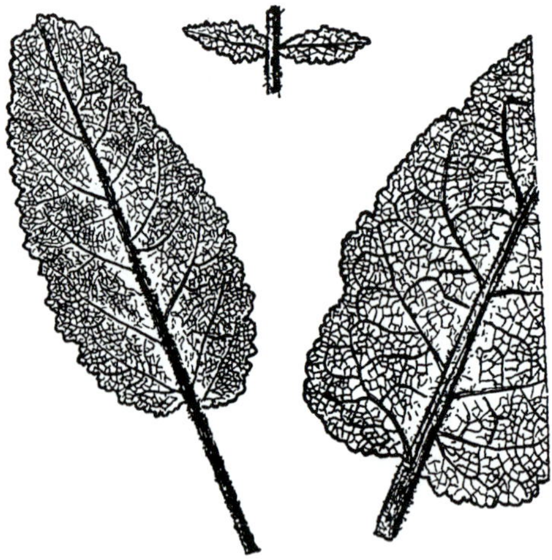

Witwenblume, Wiesenknautie

(Knáutia arvénsis) 2 / s–b

Kardengewächs

Die Witwenblume hat bis zur Stengelbildung nur büschenförmig wachsende, längliche, ganzrandige und daneben auch tiefeingeschnittene, über 10 Zentimeter lange Bodenblätter. Die normal tiefer eingeschnittenen, etwas kleineren Stengelblätter stehen jedoch immer zu zweit am häufig zottig behaarten Stengel. Die eingeschnittenen Blätter haben meistens abgerundete, nach vorne stehende Zipfel.

Die seidig behaarten Blätter sind besonders am Blattrand auffällig dicht behaart, so daß dadurch häufig ein hellschmimmernder Haarsaum entsteht.

Die knopfartigen Blüten sind lila bis violett.

Hauptblütezeit: Juli – August

Die Witwenblume finden wir im trockenen bis frischen Dauergrünland und sehr häufig auch in Ackergrünlandbeständen. Sie ist ein **Lehmzeiger**.

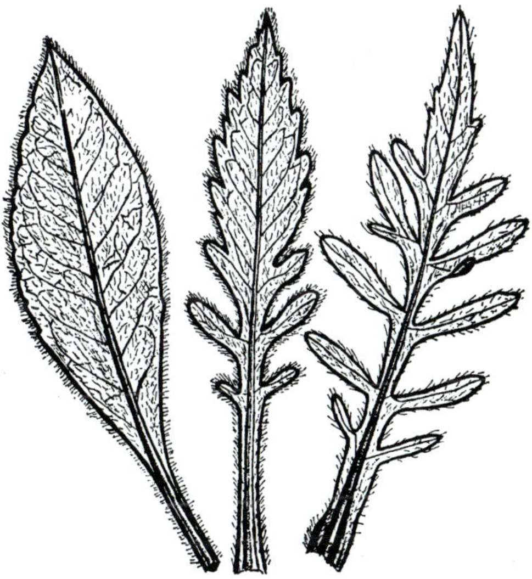

Teufelsabbiß

(Succísa praténsis)) 2 / n –s

Kardengewächs

Der Teufelsabbiß hat deutlich gestielte, über 10 Zentimeter lange, spitzovale bis langovale, etwas derb ledrige, ganzrandige Bodenblätter. Nur die Stengelblätter sind paarig und beim Stengelansatz miteinander verwachsen. Je höher sie am Stengel liegen, desto schmäler werden sie.

Sowohl die Bodenblätter als auch die gleichfalls ganzrandigen Stengelblätter sind zumeist nur mit einzelstehenden Haaren zerstreut besetzt.

Der rundliche Stengel ist besonders im oberen Teil oft zart anliegend behaart.

Die knopfartigen Blüten sind blauviolett.

Hauptblütezeit: Juli – September

Den Teufelsabbiß finden wir in mageren, wechselfeuchten bis wechselnassen Wiesen, Moorwiesen und Magerrasen. Er ist ein **Magerkeits- und Wechselfeuchtezeiger**.

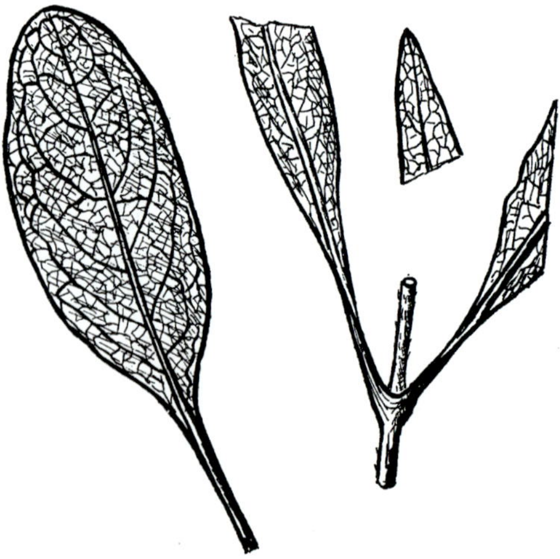

Kriechender Günsel

(Ajúga réptans) 2 / b–s

Lippenblütler

Der Kriechende Günsel hat eine büschelförmig wachsende Blattrosette mit deutlich gestielten, manchmal bis über 10 Zentimeter langen, am Rand unregelmäßig wellig ausgebuchteten Blättern. Die kleineren, paarigen, kurz gestielten oder ungestielt am Stengel oder am oberirdisch dahinkriechenden Ausläufer sitzenden Blättchen können wir nur dann finden, wenn diese Organe schon ausgebildet sind.

Das Blattstielende der Bodenblätter ist häufig violett angelaufen. Die Blätter sind meist dunkelgrün und auf der Oberseite kurz behaart.

Die Blüten sind blauviolett.

Hauptblütezeit: April – Juli

Den Kriechenden Günsel finden wir vorwiegend im Unterwuchs von frischen bis feuchten, meist nährstoffreichen Wiesen und Weiden. Er ist ein ertragsarmer **Nährstoff- und Frischezeiger**.

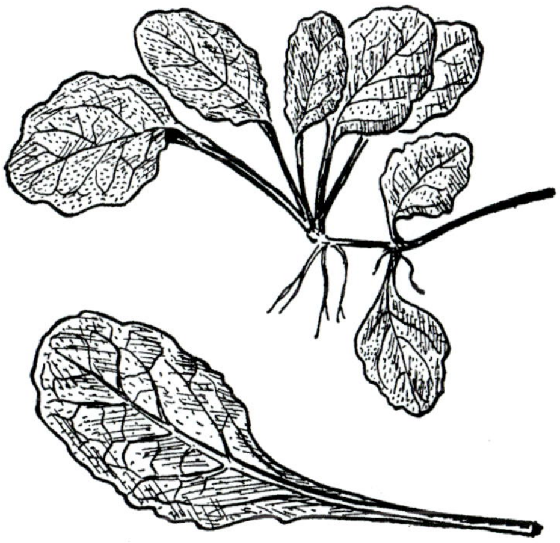

Breitwegerich

(Plantágo májor) 2 / –

Wegerichgewächs

Der Breitwegerich hat längsnervige, eiförmige bis breiteiförmige Blätter mit einem verhältnismäßig langen, schmalen Blattstiel. Er hat nur büschelig aufsteigende bis bogig niederliegende, selten flach am Boden aufliegende Rosettenblätter und nie einen beblätterten Stengel.

Die Blattoberseite ist höchstens ganz zart behaart, der Blattrand häufig etwas wellig verformt. Vereinzelt stehen von ihm kleine Zähnchen weg.

Er ist kein Pfahlwurzler, sondern ein Büschelwurzler, mit zahlreichen feinfasrigen, weißlichen, büschelförmig herabhängenden Wurzeln.

Die unscheinbaren Blütchen sind grün bis bräunlich.

Hauptblütezeit: Juni – Oktober

Den Breitwegerich finden wir im frischen bis feuchten Trittrasen, besonders auf Triebwegen und in überanstrengten Weiden.

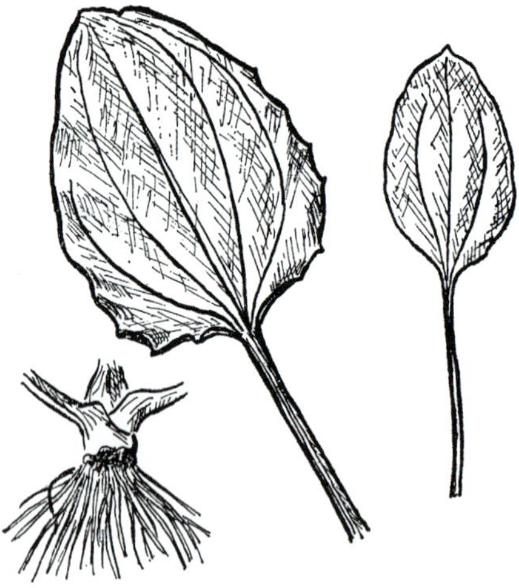

Mittlerer Wegerich

(Plantágo média) 2 / b–s

Wegerichgewächs

Der Mittlere Wegerich hat längsnervige und meist spitzeiförmige, stärker behaarte Blätter. Der Blattstiel ist nicht deutlich vom Blatt abgesetzt und ziemlich breit.

Seine ± ganzrandigen, aber vereinzelt mit kleinen Zähnchen besetzten Blätter bilden eine typische, häufig an den Boden angedrückte Blattrosette. Auch ihm fehlt ein beblätterter Stengel.

Auffallend ist seine bräunliche, häufig Nebenwurzeln tragende Pfahlwurzel.

Die süßlich duftenden, grünlichen Blütchen haben auffällig rosafarbene Staubblätter.

Hauptblütezeit: Mai – Juli

Den Mittleren Wegerich finden wir im trockenen bis mäßig frischen, nicht besonders nährstoffreichen Dauergrünland, vor allem in kalkhaltigen Magerweiden.

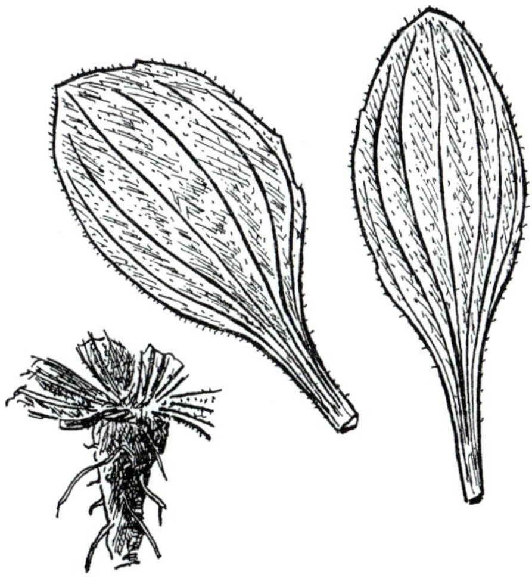

Spitzwegerich

(Plantágo lanceoláta) *6 / s–b*

Wegerichgewächs

Der Spitzwegerich hat längsnervige, langgezogene und vorne zugespitzte, hinten sich allmählich in den Stiel verschmälernde Blätter.

Es sind nur die meistens aufsteigenden, büschelförmigen Grundrosettenblätter vorhanden, nie ein beblätterter Stengel. Die Blattnerven treten auf der Blattunterseite deutlich hervor.

Der Blattrand ist ± ganzrandig, jedoch mit mehreren, ganz kleinen, spitzen Zähnchen besetzt. Das Blatt ist oft kurz behaart.

Die bräunlich bis weißlichen Blütchen sind klein und unscheinbar.

Hauptblütezeit: April – September

Den Spitzwegerich finden wir im leicht trockenen bis feuchten Dauergrünland und häufig auch in Ackergrünlandschlägen, besonders in älteren Klee- und Luzernefeldern.

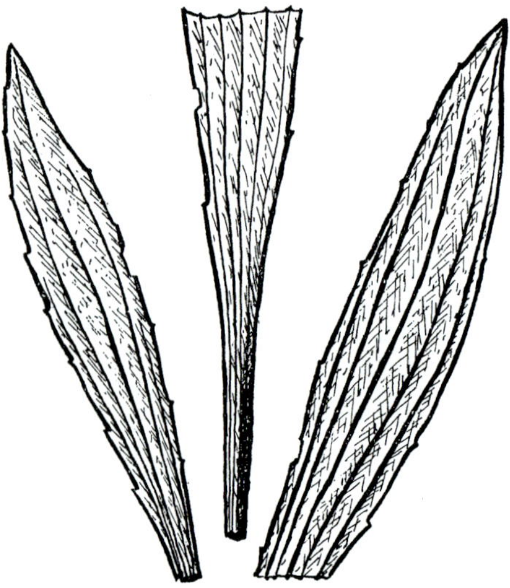

Wiesenbocksbart

(Tragopógon praténsis) 4 / b–s

Korbblütler

Der Wiesenbocksbart hat grasähnliche, längsnervige, jedoch milchsaftführende Blätter. Auch die übrigen Pflanzenteile enthalten Milchsaft.

Die Mittelrippe der grasartigen Blätter steht v-förmig auf der Blattunterseite nach unten. Sie ist hohl und oben von einem silbrig glänzenden Häutchen abgedeckt.

Die büschelförmig aufrechtwachsenden Bodenblätter stecken lose ineinander. Die Stengelblätter besitzen keine Blattscheide und auch kein Blatthäutchen. Sie sind direkt am Stengel angewachsen. Alle Blätter sind ganzrandig und wie auch die sonstigen Pflanzenteile kahl. Die Blattränder sind oft gewellt.

Die Blütenköpfe sind gelb.

Hauptblütezeit: Mai – Juli

Den nicht weidefesten Wiesenbocksbart finden wir in trockenen bis frischen, meist nährstoffreichen Dauerwiesen.

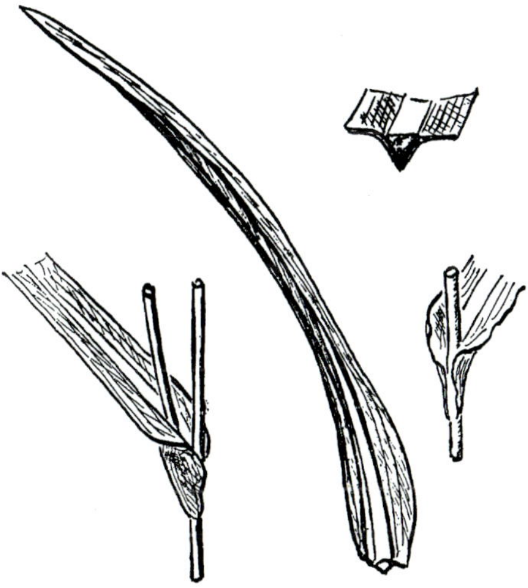

Herbstzeitlose

(Cólchicum autumnále) –1 / b–s

Liliengewächs

Die Herbstzeitlose hat längsnervige, nur im Frühjahr und Vorsommer sichtbare, ganzrandige und etwas fleischige Blätter. Sie stehen meistens in aufrechten Büscheln zu viert oder fünft beisammen.

Die Blätter selbst sind kahl und ungefleckt sowie tulpenblattähnlich. Zwischen den Blätern finden wir öfters am Grund die Samenkapsel. Die zwiebelartige Knolle liegt tiefer im Boden.

Die blaßvioletten, hellröhrigen Blüten erscheinen erst im Herbst.

Hauptblütezeit: August – Oktober (selten April – Mai)

Die Herbstzeitlose ist eine schwer bekämpfbare Giftpflanze in wechselfeuchten bis wechselnnassen Wiesen.

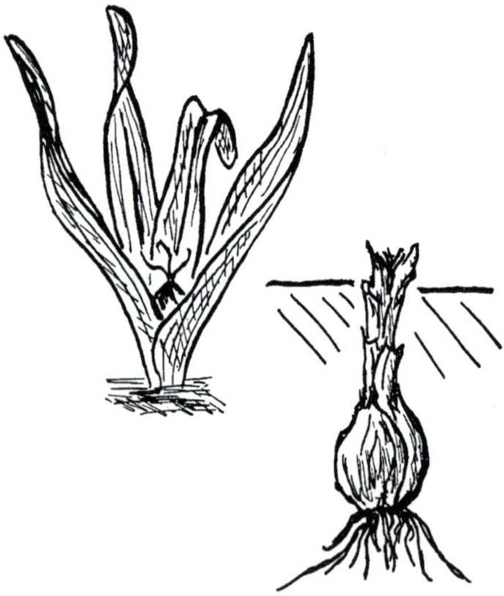

Weißer Germer

(Verátrum álbum) (–1) / b–s

Liliengewächs

Der Weiße Germer hat längsnervige, ganzrandige, bauchig spitzovale, über 15 Zentimeter lange Blätter. Die Blattfläche ist wie ein Harmonikabalg gefaltet. Dadurch entsteht der Eindruck von breiten, abwechselnd hellen und dunklen Streifen.

Jedes Blatt hat einen zu einer Röhre verwachsenen Blattstiel. Die Blattoberseite und die oberen Blattröhren sind meistens ganz kurz behaart. Die Blätter sind immer einzelstehend spiralig angeordnet. Dabei steckt das jeweils obere Blatt mit seinem röhrigen Stiel in der etwas weiteren Röhre des daruntorligenden Blattes.

Die Blüten sind weiß.

Hauptblütezeit: Juni – August

Den Weißen Germer finden wir in frischen bis nassen Moorwiesen und höher gelegenen, meist nährstoffreichen Bergwiesen und Weiden sowie auf den Viehlägern der Almen. Er ist eine chemisch punktförmig bekämpfbare Giftpflanze.

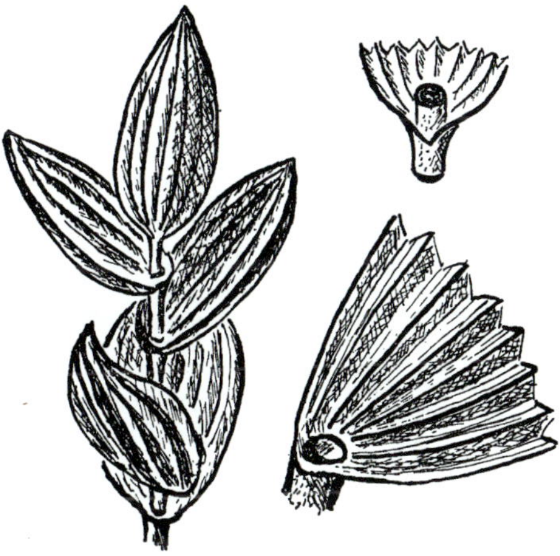

Ackerwinde

(Convólvulus arvénsis) *3/–*

Windengewächs

Die Ackerwinde hat ganzrandige, vom dünnen Blattstiel deutlich abgesetzte Blattspreiten. Der Stengel umschlingt selbst windend andere Pflanzen.

Die Blätter haben gerade wegstehende und manchmal sogar nach hinten stehende Blattzipfel. Sie gehen einzeln vom Stengel ab. An der Stelle, wo die Blattstiele am Stengel entspringen, finden wir nie häutige Blattscheiden oder blattscheidenartige Gebilde.

Die trichterförmigen Blüten sind weißlich und rosa gestreift oder rötlich.

Hauptblütezit: Juni – September

Die Ackerwinde finden wir vor allem in trockenen bis frischen, meist nährstoffreichen Wiesen der wärmeren Lagen. Sie ist ein **Lehm- und Wärmezeiger**.

Kleiner Ampfer, Kleiner Sauerampfer

(Rúmex acetosélla) *1 / s–S*

Knöterichgewächs

Der kleine Ampfer hat einen ohne Übergang an der Blattspreite entspringenden Blattstiel. Die ganzrandigen, meistens sehr kleinen Blätter haben im untersten Teil der Blattspreize ± große gerade wegstehende Zähne. Dadurch erhalten die Blätter ihre spießähnliche Form.

Manchmal kommen auch Blätter mit nur einseitigen, doppelten oder gar ohne Blattzipfel vor. Die Blattnerven sind häufig nur undeutlich erkennbar.

Die Blüten sind rötlich.

Hauptblütezeit: Mai – August

Den Kleinen Sauerampfer finden wir im trockenen bis frischen, versauerten Magerrasen. In Magerwiesen und Magerweiden sowie im gleichwertigen Ackergrünland. Er ist ein **Versauerungs- und Magerkeitszeiger**.

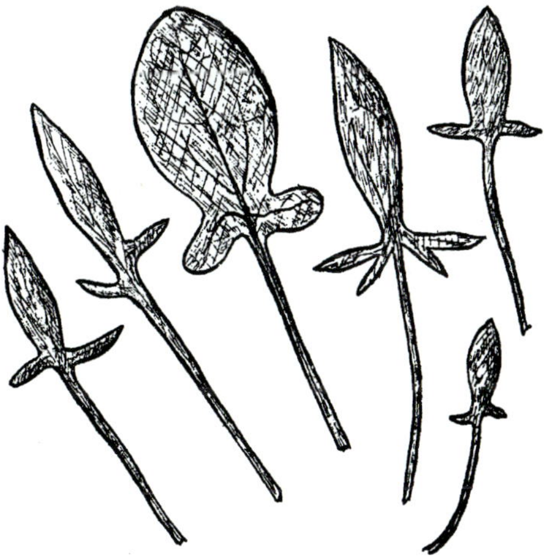

Sauerampfer, Wiesensauerampfer

(Rúmex acetósa) 4 / b–s

Knöterichgewächs

Der Sauerampfer hat ein größeres, oft über 10 Zentimeter langes, ganzrandiges Blatt mit plötzlich ohne Übergang aus der Blattspreite hervortretendem Blattstiel.

Auffallend sind besonders seine spitzzipfelig nach hinten stehenden Blattspreitenenden. Die kahlen Blätter sind länglich und vorne zugespitzt oder abgerundet. Die Bodenblätter sind häufig langgestielt, die kleineren Stengelblätter etwas kürzer, aber deutlich gestielt.

Die Blütchen sind rötlich.

Hauptblütezeit: Mai – Juni

Den Sauerampfer finden wir im frischen bis nassen Grünland, vor allem in Wiesen.

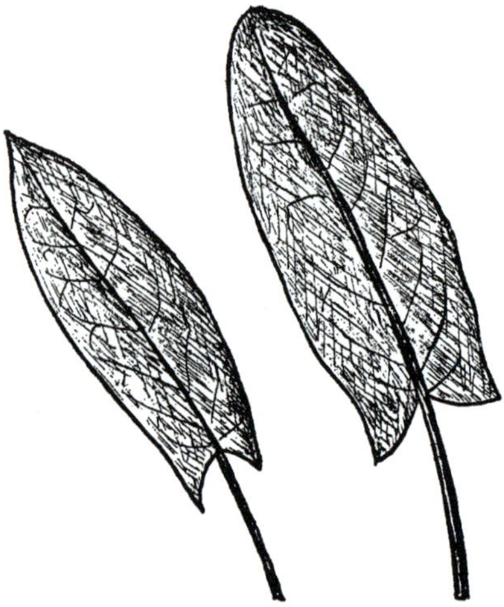

Wiesenknöterich

(Polýgonum bistórta) 4 / b–s

Knöterichgewächs

Der Wiesenknöterich hat längliche, vorne zugespitzte, ganzrandige Blätter mit deutlich abgesetzten Blattstielen. Bei genauerer Betrachtung sehen wir jedoch, daß sich die Blattspreite noch als kleiner Saum am Blattstiel fortsetzt.

Das meistens über 10 Zentimeter lange Blatt ist kahl. Im Gegensatz zur Blattoberseite ist es auf der Unterseite auffallend blaugrün bis graugrün. Die hellgelbgrüne Mittelrippe tritt auch deutlich hervor. Von ihr zweigen zahlreiche Seitennerven ab. Das ganze Blatt ist außerdem häufig etwas steif und starr.

Die rosaroten Blütchen bilden eine walzenartige Ähre.

Hauptblütezeit: Mai – Juli

Den Wiesenknöterich finden wir in wechselfeuchten bis nassen, meist nährstoffreichen Wiesen, besonders der Gebirgslagen. Er ist ein **Feuchtezeiger**.

Krauser Ampfer

(Rúmex críspus) 1 / –

Knöterichgewächs

Der Krause Ampfer hat länglich schmale, am Rand stark wellige, verbogene und gekrauste sowie häufig auch unregelmäßig gekerbte, meist über 20 Zentimeter lange Blätter.

Der Blattstiel ist deutlich abgesetzt.. Er ist halbrund, oben ± flach und oft rötlich angelaufen.

Die Blütchen sind klein und grünlich.

Hauptblütezeit: Juli – August

Der Krause Ampfer gehört zu den *Großen Ampfer-Arten*. Er bevorzugt grund- und staufeuchte, verdichtete Wiesen und insbesondere Naßweiden. Manchmal kommt er auch in Ackergrünlandschlägen vor. Er ist ein lästiges, aber bei genügender Sorgfalt und Ausdauer bekämpfbares Unkraut sowie ein **Verdichtungs- und Stickstoffzeiger**.

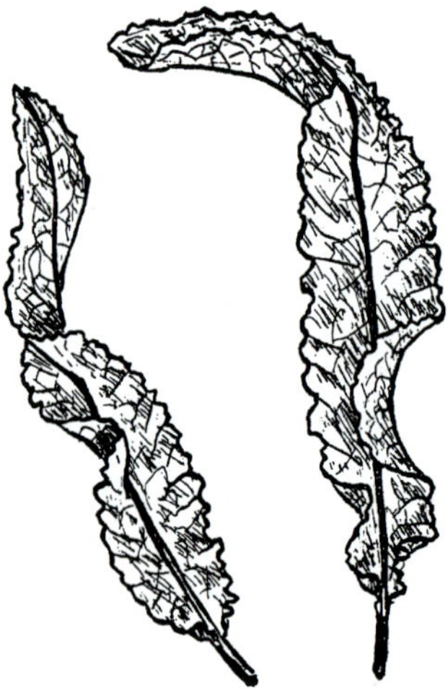

Stumpfblättriger Ampfer

(Rúmex obtusifólius) 1 / b–s

Knöterichgewächs

Der Stumpfblättrige Ampfer hat große, breite, häufig über 20 Zentimeter lange, ± ganzrandige, kahle Blätter.

Der Blattstiel ist ganz deutlich abgesetzt und das Blatt vorne abgerundet oder zumindest nur stumpf zugespitzt. Der Blattrand ist meistens etwas wellig verformt, aber nie stark gekraust.

Im Boden finden wir seinen kräftigen, ausdauernden Wurzelstock.

Die Blütchen sind klein und grünlich.

Hauptblütezeit: Juli – August

Der Stumpfblättrige Ampfer ist die am häufigsten anzutreffende, weite Gebiete verseuchende *Große Ampfer-Art.* Wir finden ihn vorwiegend im intensiver gedüngten Dauergrünland sowie in Ackergrünlandschlägen, wo er in mit Getreide als Vorfrucht bestellten Äckern häufig samenreif wird. Mit etwas Geduld und Ausdauer läßt er sich bekämpfen. Wichtig ist jedoch, die Samenbildung zu unterbinden. Er ist ein Platzräuber und ein **Stickstoffzeiger**.

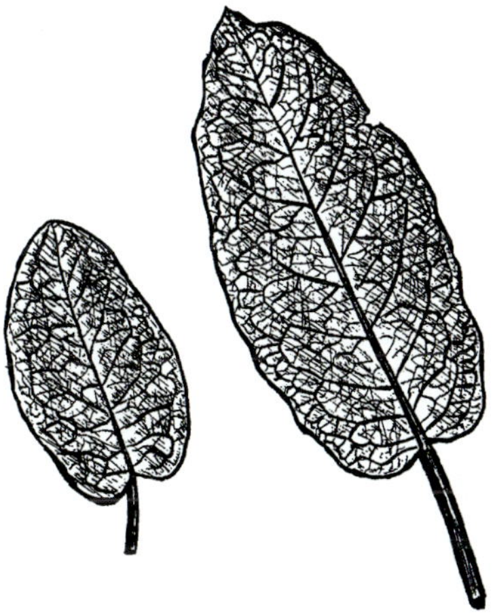

Silberdistel, Eberwurz

(Carlína acaūlis) 0 / b–s

Korbblütler

Die Silberdistel hat eine kurzstengelige oder direkt am Boden aufliegende Blattrosette. Die Blattzipfel sind nur am Rand bestachelt, stark gegliedert und auf der Oberseite der Mittelrippe durch einen schmalen, meist hellgrünen Blattspreitenstreifen miteinander verbunden.

Die halbovale, häufig wellig verbogene Mittelrippe ist teilweise hohl. Der Blattstielansatz ist meistens keilförmig verbreitert, rot und am Rand auffallend abstehend, stachelig behaart. Nach dem Absterben der Blätter bleibt dieser Teil lange Zeit dunkelbraun verfärbt erhalten.

Die Mittelrippe, die Blattunterseite und zuweilen auch die Blattoberseite sind spinnwebenartig, jedoch nie drüsig, borstig oder stachelig behaart.

Die großen Blütenköpfe haben silbrig glänzende Randblätter.

Hauptblütezeit: Juli – September

Die Silberdistel finden wir in trockenen, sonnigen Magerweiden und Magerrasen, vor allem der Berglagen.

Gewöhnliche Kratzdistel

(Círsium vulgáre) 0 / –

K o r b b l ü t l e r

Die Gewöhnliche Kratzdistel hat langgezogene, tief eingebuchtete Blätter mit großen, meist dreizähnig wegstehenden Blattzipfeln. Vom Zipfelende ragen jeweils die langen, hellen, spitzen und heftig stechenden Stacheln weg. Der Endzipfle ist besonders langgezogen und nahezu ganzrandig.

Die Blattoberseite ist steifborstig und oft sogar stachelig behaart. Das Blatt setzt sich leistenartig hinunterlaufend am Stengel fort. Dadurch wird auch der Stengel stachelig. Vor der Entwicklung des Stengels ist nur die aus gleichartigen Blättern bestehende und am Boden aufliegende Blattrosette vorhanden.

Die großen Blütenköpfe sind purpurrot.

Hauptblütezeit: Juli – September

Die Gewöhnliche Kratzdistel finden wir vorwiegend in trockenen bis frischen, nicht regelmäßig nachgeputzten Weiden.

Sumpfkratzdistel

(Círsium palústre) 0 / n–s

Korbblütler

Die Sumpfkratzdistel hat nicht besonders steife, längliche Blätter mit tief eingebuchteten und wellig verformten bis gekrausten Rändern. Die Blattzipfel mit den stark stechenden, jedoch nicht überaus langen Stacheln sind sehr unregelmäßig geformt.

Besonders die Mittelrippe, aber auch die Blattoberseite und die Blattunterseite sind weichdrüsig und vielfach gekrümmt, aber nie stachelig oder abstehend borstig behaart. Der Blattstiel der Bodenblätter ist am Rand durchgehend lang abstehend bestachelt und ebenso wie die Mittelrippe deutlich dreikantig und nicht hohl. Die Stengelblätter setzen sich ebenfalls stark gekraust und bestachelt am Stengel fort. Die stengellosen Jungpflanzen haben eine an den Boden angedrückte Rosette.

Die kleinen Blütenköpfe sind purpurrot.

Hauptblütezeit: Juli – September

Die Sumpfkratzdistel finden wir in nassen bis wechselfeuchten Wiesenstellen, Naß- und Moorwiesen. Sie ist ein **Nässezeiger**.

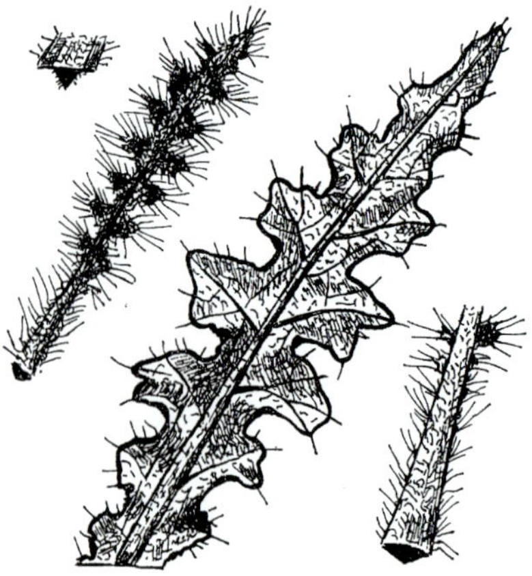

Ackerkratzdistel

(Círsium arvénse) 0 / –

Korbblütler

Die Ackerkratzdistel hat lange, jedoch sehr unterschiedliche, nahezu ganzrandig bis tiefeingeschnitten grobzipfelige Blätter. Manchmal ist die Blattspreite flach, manchmal wellig verbogen, jedoch kaum stark gekraust. Es ist nur der Blattrand mit kurzen, stark kratzenden Stacheln besetzt.

Die Blattunterseite und die Blattrippen sind häufig wollig filzig bis drüsig, manchmal jedoch – wie sonst nur die Blattoberseite – spinnwebig filzig behaart bis kahl. Vor der Stengelausbildung finden wir keine an den Boden angedrückte Blattrosette, sondern nur einzeln aufsteigende Bodenblätter. Die Stengelblätter setzen sich selten, und dann nur schmal leistenförmig am Stengel fort.

Die kleinen Blütenköpfchen sind stumpfviolett.

Hauptblütezeit: Juli – September

Die Ackerkratzdistel ist ein bekanntes Ackerunkraut. Sie kommt aber auch in nicht regelmäßig nachgeputzten, trockenen bis wechselfeuchten Weiden sowie in Ackergrünlandschlägen vor.

Kohldistel

Círsium oleráceum) 4 / s–b

Korbblütler

Die Kohldistel hat sehr lange und große, hellgrüne, weichstachelige, nicht stechende Blätter. Sie sind – häufig sogar an der gleichen Pflanze – äußerst unterschiedlich geformt. Von nahezu ganzrandig bis tiefspaltig eingeschnitten kommen alle Übergänge vor.

Das Blatt ist meistens matt und kahl. Der Blattstielgrund der Bodenblätter ist hellgrün.

Die sehr großen Blütenköpfe der Kohldistel sind gelbgrün.

Hauptblütezeit: Juli – September

Die Kohldistel finden wir in wechselfeuchten bis nassen, meist nährstoffreichen Wiesenstellen und in Naß- und Moorwiesen. Sie ist ein **Nässe- und Düngungszeiger**.

Bachkratzdistel

(Círsium rivuláre) *(1)* / s–b

Korbblütler

Der Blattstielgrund der Bodenblätter ist ganz unten häufig rötlich angelaufen. Ansonsten sind sie ähnlich der Kohldistel.

Die Bachkratzdistel hat kleinere, purpurrote Blütenköpfchen am langstieligen, blattlosen Stengel.

Hauptblütezeit: Mai – Juli

Die Bachkratzdistel finden wir in wechselnassen bis staunassen, meist nährstoffreichen Naß- und Moorwiesen. Sie ist ein **Nässe- und Düngungszeiger**.

Gemeiner Löwenzahn, Kuhblume

(Taráxacum officinále) 5 / b–s

Korbblütler

Die Kuhblume hat sehr unterschiedlich geformte Blätter, was bei ihr vorwiegend durch die sehr verschiedene Zahnausbildung bedingt ist. Die Blätter sind bis über 20 Zentimeter lang und in der oberen Hälfte am breitesten. Die Zahnenden laufen in eine schmale, scharfe, nach unten stehende Spitze aus.

Ein ziemlich sicheres Erkennungsmerkmal ist weiters die bereits wenige Zentimeter oberhalb des Blattstielansatzes nach dem Durchtrennen mit einem Messer sichtbar werdende Röhre. An der Schnittstelle tritt rings um die Rohre – also auch im oberen Bereich – häufig Milchsaft aus. Weiters sind die Blätter nicht borstig, sondern höchstens weichfilzig behaart.

Der Blütenkopf auf dem röhrig hohlen, blattlosen Blütenschaft ist gelb.

Hauptblütezeit: April – Mai (– Oktober)

Die Kuhblume finden wir im meist nährstoffreichen, mäßig trockenen bis feuchten Dauergrünland und häufig auch in kleearmen Ackergrünlandbeständen.

Ferkelkraut

(Hypochaeris radicáta) 1 / n–S

Korbblütler

Das Ferkelkraut hat längliche Blätter mit wellig gebuchtetem Blattrand. Ihm fehlen spitze Zähne, dafür hat es rundlich vorspringende Lappen und rundliche Einbuchtungen. Der Stengel ist nicht beblättert. Wir finden daher nur seine meistens flach am Boden anliegende Blattrosette.

Die Blätter sind etwas dicklich und bis über über 10 Zentimeter lang. Die Blattoberseite und der Blattrand sind schütter steifborstig behaart. Die starke Pfahlwurzel ist braun.

Die Blütenköpfchen sind gelb.

Hauptblütezeit: Juni – Oktober

Das Ferkelkraut finden wir in trockenen bis frischen, zumeist mageren und sauren Wiesen und Weiden sowie im Magerrasen, vor allem in tieferen Lagen. Es ist ein **Magerkeits- und Versauerungszeiger**.

Herbstlöwenzahn

(Leóntodon autumnális) 5 / –

Korbblütler

Der Herbstlöwenzahn hat sehr langgezogen schmale, oft bis zu 20 Zentimeter und länger werdende Blätter. Die Zähne sind jedoch auch bei ihm häufig recht unterschiedlich ausgebildet.

Teilweise bemerken wir nur ganz geringfügige, buckelartige Erhebungen, anderenfalls oft sehr langgezogene, meistens nach vorne gerichtete, schmale, ganzrandige Zipfel. An den Blattzipfelenden finden wir keine spitzen Zähnchen oder sonstige, knöpfchenartig hervorspringende Gebilde. Es ist nur das Blattzipfelende selbst meistens etwas verdickt.

Der Stengel ist unbeblättert. Die Blätter liegen häufig nicht am Boden auf. Sie sind manchmal vereinzelt behaart.

Die Blütenköpfchen sind gelb.

Hauptblütezeit: Juli – September

Den Herbstlöwenzahl finden wir im mäßig trockenen bis wechselfeuchten Dauergrünland, vor allem in Weiden.

Rauher Löwenzahn

(Leóntodon híspidus) 5 / –

Korbblütler

Der Rauhe Löwenzahn hat längliche, büschelförmig aufsteigende, stark behaarte bis kahle Blätter. Sie sind deutlich flach bis stark gezähnt.

Die ± dreieckigen Zähne stehen meistens nicht nach unten oder oben, sondern gerade weg. Die Zähnung selbst ist sehr regelmäßig. Die Einbuchtungen sind rundlich. Auf den Zahnspitzen ist normal ein deutlich vorspringendes, rundliches Knöpfchen sichtbar, zumindest auf einigen Zähnen des Blattes. Behaarte Pfanzen haben sternförmig oder gabelig gespaltene Haare.

Die Blütenköpfchen auf dem unverzweigten, unbeblätterten Stengel sind gelb.

Hauptblütezeit: Juni – September

Den Rauhen Löwenzahn finden wir häufig im meist gut mit Nährstoffen versorgten, trockenen bis feuchten und sogar nassen Dauergrünland. Die stark behaarten, kleineren Formen bevorzugen ärmere oder trockene Standorte.

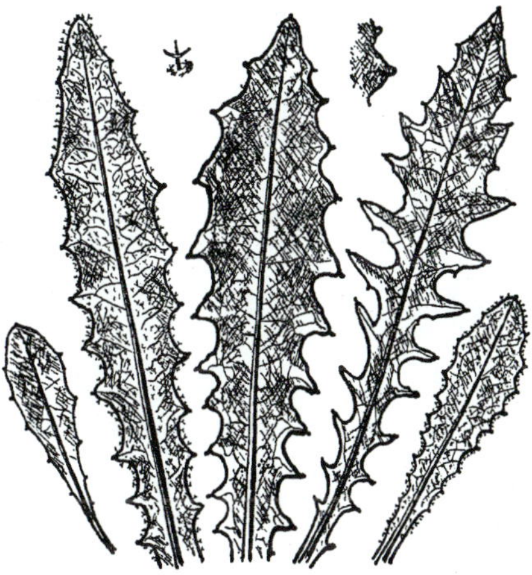

Wegwarte, Wilde Zichorie

(Cichórium íntybus ssp. íntybus) 1 / –

Korbblütler

Die Wegwarte hat sehr unterschiedlich geformte Blätter. Sie sind nicht auffallend hellgrün und zart. Die Zähne und die Blattspitze laufen in eine normale, nicht deutlich abgesetzte Spitze aus, die auch nicht verdickt oder knöpfchenartig vorspringend ist. Die Mittelrinne ist nicht röhrig hohl und enthält nur sehr wenig Milchsaft.

Die langen, büschelförmigen Bodenblätter sterben häufig vorzeitig ab. Sie sind grobgezähnt bis nahezu ganzrandig. Das Blattende ist oft auffallend dolchartig langgezogen. Die Stengelblätter sind öfters borstig behaart, die obersten zumeist ganzrandig. Sie umfassen den innen markigen Stengel und haben deutlich abstehende Blattzipfel.

Die Blütenköpfchen sind himmelblau.

Hauptblütezeit: Juli – August

Die Wegwarte finden wir in trockenen bis frischen, meist etwas überanstrengten, nicht nährstoffarmen Weiden, im Trittrasen und häufig an den Triebwegrändern.

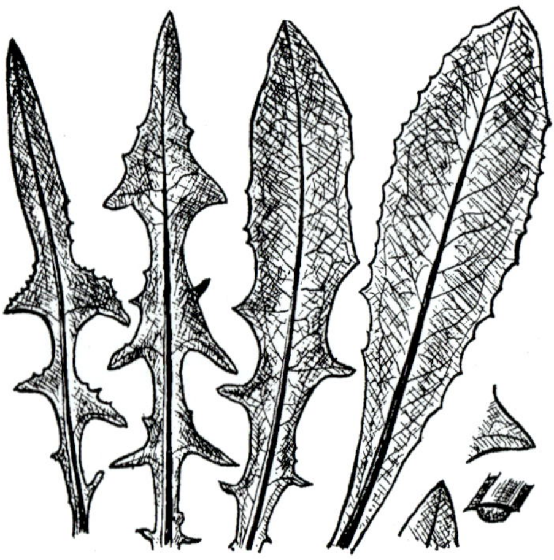

Grüner Pippau, Dünnästiger oder **Kleinköpfiger Pippau**

(Crépis capilláris) 4 / n–s

Korbblütler

Die Blätter des Grünen Pippau sind unterschiedlich gezähnt und geformt. Sie sind auffallend hell grasgrün und am Stielende häufig weißlich, sehr dünn, zart und normalerweise kahl. Die gelblichweiße Pfahlwurzel ist ziemlich dünn.

Die länglichen Bodenblätter sind häufig verschieden gezähnt. Die Zähne sowie das Blattende laufen jedoch in eine kleine, feinzugespitzte und deutlich abgesetzte Spitze aus. Besonders die oberen Stengelblätter umschließen den rundlichen Stengel oft mit sehr stark zerschlitzten und gezähnten Zipfeln. Der sehr dünn und ganz fein längsgerippte Stengel ist meistens stärker verzweigt.

Die Blütenköpfchen sind klein und gelb.

Hauptblütezeit: Juni – September

Den Grünen Pippau finden wir in trockenen bis frischen Magerwiesen, Magerweiden und in Ackergrünlandbeständen, vor allem der tieferen Lagen. Er ist ein **Magerkeitszeiger**.

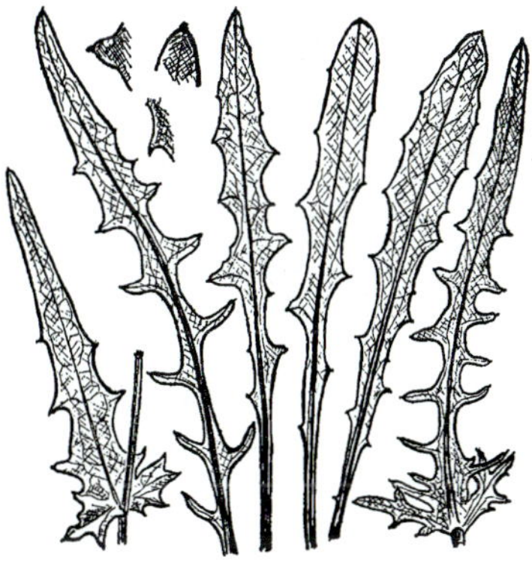

Wiesenpippau

(Crépis biénnis) 4 / b–s

Korbblütler

Auch der Wiesenpippau hat unterschiedliche Blattformen. Die Bodenblätter sind häufig unregelmäßig und grob gezähnt. Am Zahn- und Blattende finden wir ein deutlich abgesetztes, vorne zugespitztes Knöpfchen. Die Mittelrippe ist innen nicht röhrig hohl, und der Milchsaft tritt meistens halbmondförmig an der Anschnittstelle aus.

Die Blätter, besonders aber der Blattrand und die Mittelrippe auf der Blattunterseite, sind oft kurzborstig, jedoch nie sternförmig oder gabelig behaart. Die Stengelblätter umfassen nicht den Stengel. Die obersten Stengelblätter sind meistens ganzrandig. Die ganze Pflanze ist ziemlich kräftig, die Pfahlwurzel zumeist hell gelbbraun.

Die Blütenköpfchen sind gelb.

Hauptblütezeit: Mai – Juni

Der Wiesenpippau ist nicht weidefest. Wir finden ihn in frischen bis mäßig feuchten, nährstoffreicheren Wiesen. Er ist ein **Nährstoffzeiger**.

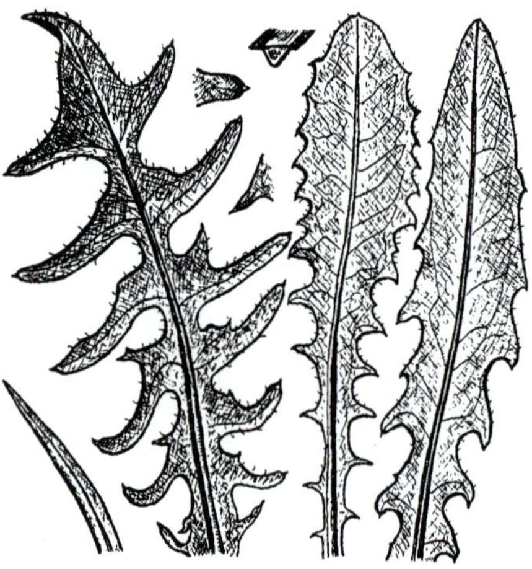

Gänseblümchen

(Béllis perénnis) 2 / –

Korbblütler

Das Gänseblümchen hat nur kleine, büschelförmige Blattrosetten. Die Blätter sind selten über 5 Zentimeter lang, etwas dicklich fleischig, deutlich gestielt und am Rand grob gezähnt. Das Blattende selbst ist meist ganzrandig bogig gewölbt und nur ausnahmsweise stärker gekerbt oder gezähnt. Der mittlere Endzahn ist jedoch auch dann am breitesten.

Die hellgrünen Blätter sind kahl bis leicht behaart. Am Blattstiel finden wir oft einige einzelstehende, länger abstehende Haare.

Die weißen Blütenköpfchen sind oft rot gerandet.

Hauptblütezeit: April – Mai (– September)

Das Gänseblümchen finden wir in frischen bis feuchten, meistens auch nährstoffreichen, aber etwas überanstrengten Weiden und in intensiv genutzten Wiesen. Es ist ein **Lehm- und Nährstoffzeiger**.

Margerite, Wucherblume

(Chrysánthemum leucánthemum) 2 / –

Korbblütler

Die Margerite hat bis über 10 Zentimeter lange, rundliche oder oval bis keilförmige, deutlich gestielte Bodenblätter. Der Blattrand ist sehr unregelmäßig, aber deutlich gezähnt oder gekerbt. Auch das Blattende ist nahezu immer gezähnt, und der Mittelzahn ist zumeist nicht auffallend breiter als die übrigen Zähne.

Die normal dunkelgrünen Blätter sind etwas ledrig sowie kahl bis leicht behaart. Die schmäleren und etwas kürzeren Stengelblätter sitzen ungestielt, einzeln am Stengel.

Die Randblütenblätter sind weiß, die Innenblüten gelb.

Hauptblütezeit: Mai – Oktober

Die Margerite finden wir in trockenen bis wechselfeuchten Dauerwiesen und Dauerweiden und häufiger auch in älteren Feldfutterbeständen, besonders auf ärmeren Standorten. Sie ist ein **Magerkeitszeiger**.

Wiesenflockenblume

(Centāurea jacéa) 3 / –

Korbblütler

Die Wiesenflockenblume hat bis über 15 Zentimeter lange Bodenblätter. Der Blattrand ist manchmal nahezu ganzrandig und nur mit einigen, ganz kleinen, hervortretenden Zähnchen besetzt. Oft finden wir jedoch auch einen oder mehrere größere, unregelmäßig wegstehende Zähne.

Die matten Blätter sind meistens kurz behaart. Die büschelförmig aufsteigenden Bodenblätter sind länger gestielt. Die kurzgestielte Stengelblätter stehen immer einzeln am Stengel.

Die Blütenköpfe sind purpurrot.

Hauptblütezeit: Juni – Oktober

Die Wiesenflockenblume finden wir im trockenen bis feuchten Dauergrünland.

Zypressenwolfsmilch

(Euphórbia cyparíssias) –1 / –

Wolfsmilchgewächs

Die Zypressenwolfsmilch hat viele, oft ziemlich dicht stehende, nadelartig schmale, nach allen Seiten abgehende Blätter. Wenn wir den Stengel durchschneiden oder abreißen, tropft ein weißer Milchsaft heraus.

Auf der Unterseite der hellgrünen Blätter sehen wir deutlich die Mittelrippe. Der Blattrand ist nach unten umgebogen.

Die Blüten sind gelb.

Hauptblütezeit: April – Juni

Die Zypressenwolfsmilch ist giftig. Wir finden sie vor allem in trockenen und oft auch kalkhaltigen Magerweiden und im Magerrasen.

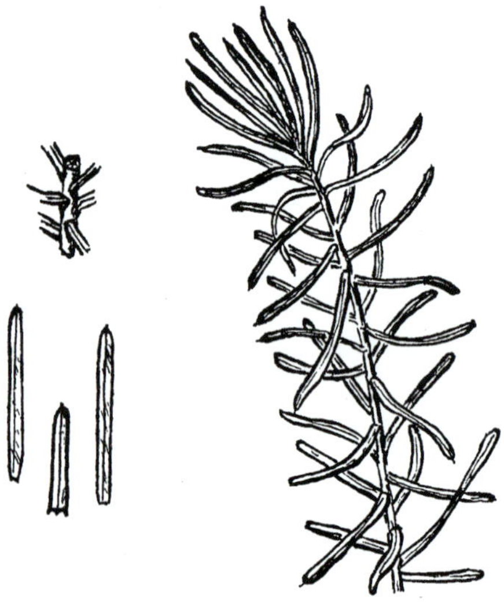

Vogelknöterich

(Polýgonum aviculáre) 1 / –

Knöterichgewächs

Der Vogelknöterich hat kleine, höchstens 1 Zentimeter breite, ganz kurz gestielte, weiche Blättchen. Beim Blattstielansatz ist der Stengel von einer häutigen, durchsichtigen bis weißlich grünen Blattscheide umgeben.

Die Blättchen sind langgezogen spitzoval und kahl. Der Blattrand ist meistens ganzrandig, zuweilen aber auch vereinzelt und ganz leicht gezähnt. Der Stengel liegt häufig flach am Boden auf und am Ende steigt er etwas auf.

Die grünen Blütchen sind weiß oder rot gerandet.

Hauptblütezeit: Juni – Oktober

Den Vogelknöterich finden wir in trockenen bis frischen, überanstrengten, zumeist nährstoffreichen Weiden und auf Triebwegen sowie im Trittrasen. Er ist ein **Stickstoffzeiger**.

Preiselbeere

(Vaccínium vítis-idaēa) 0 / s-S

Heidekrautgewächs

Die Preiselbeere hat höchstens 1 bis 2 Zentimeter breite, ganzrandige Blättchen. Die Blattoberseite ist meistens dunkelgrün glänzend, die Unterseite hellgrün mit vielen kleinen rundlichen, nadelstichartigen Vertiefungen.

Die Blättchen sind spitzoval bis breitoval, etwas steif, ledrig und kurz gestielt. Der glatte Blattrand ist nach unten gebogen. Die Blättchen gehen vom rundlichen, im unteren Teil verholzten Stengel nach allen Seiten ab.

Die Blütchen sind weiß bis rosa.

Hauptblütezeit: Mai – Juni

Die Preiselbeeren finden wir im trockenen bis feuchten, entkalkten und nährstoffarmen Magerrasen, auf Almen und Bergweiden. Sie ist ein **Rohhumus- und Versauerungszeiger**.

Vergißmeinnicht (verschiedene Arten)

(Myosótis species) 2 / b–s

Boretschgewächs

Die einzelnen Arten sind nichtblühend schwer erkennbar.

Das Vergißmeinnicht hat bis über 5 Zentimeter lange, längliche, schmale, vorne zugespitzte Blätter. Der Stengel und die Blätter sind auffallend dicht, kurz, jedoch nicht steif behaart.

Die Stengelblätter sitzen einzeln, spiralig angeordnet am etwas kantigen Stengel. Die Blätter umfassen dabei den halben Stengel an der Ansatzstelle.

Die zarten Blütchen sind himmelblau.

Hauptblütezeit: April – Oktober

Das Vergißmeinnicht finden wir vorwiegend in feuchen bis nassen Wiesen.

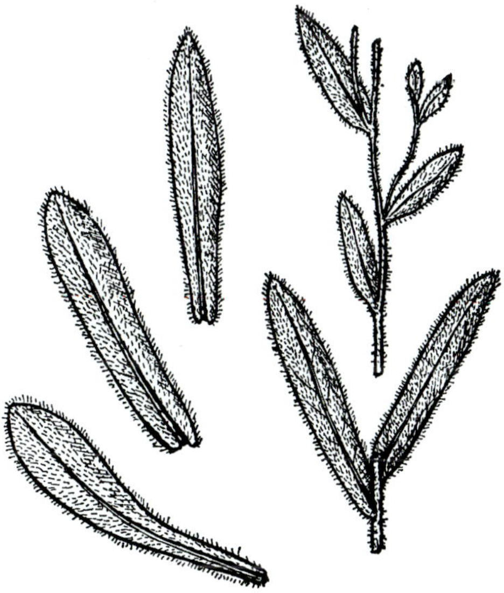

Behaartes Habichtskraut, Mausöhrchen

(Hierácium pilosélla) 2 / n–S

Korbblütler

Das Behaarte Habichtskraut hat eine büschelförmige Blattrosette mit bis über 10 Zentimeter langen, länglich ovalen Blättern. Die Blattoberseite, der Blattrand und zuweilen auch die Blattunterseite sind oft sehr dicht, manchmal jedoch nur spärlich, mit langen, einzelstehenden Haaren besetzt. Diese Haare sind bis über 1 Zentimeter lang und deutlich abstehend.

Die Blattoberseite ist hell- bis graugrün. Die Blattunterseite ist häufig graufilzig behaart. Sehr oft finden wir auch Pflanzen mit oberirdischen Ausläufern.

Die Blütenköpfe sind gelb.

Hauptblütezeit: Mai – Oktober

Das Behaarte Habichtskraut finden wir im trockenen, sonnigen Magerrasen, in Magerwiesen und Magerweiden, besonders auf stärker versauerten Böden, bestimmte Unterarten aber auch im Kalkmagerrasen. Es ist ein **Magerkeitszeiger**.

Beinwell

(Sýmphytum officinále) 2 / –

Rauhblattgewächs

Der Beinwell hat große, über 20 Zentimeter lange, vorne zugespitzte, narbige und auffallend rauhhaarige Blätter. Besonders stark behaart ist die auf der Blattunterseite deutlich hervortretende Mittelrippe und der Blattrand.

Die Bodenblätter sind meistens länger gestielt. Die Stengelblätter sitzen jedoch einzeln ungestielt am Stengel. Dabei läuft die Blattspreite noch häufig leistenartig links und rechts am Stengel hinunter.

Die Blüten sind blauviolett oder gelblich.

Hauptblütezeit: Mai – Juli

Den Beinwell finden wir in feuchten bis nassen, nährstoffhaltigen Dauerwiesen und oft auch in Ackergrünlandbeständen. Auch als Ackerunkraut macht er uns Sorgen. Er ist ein **Nährstoffzeiger**.

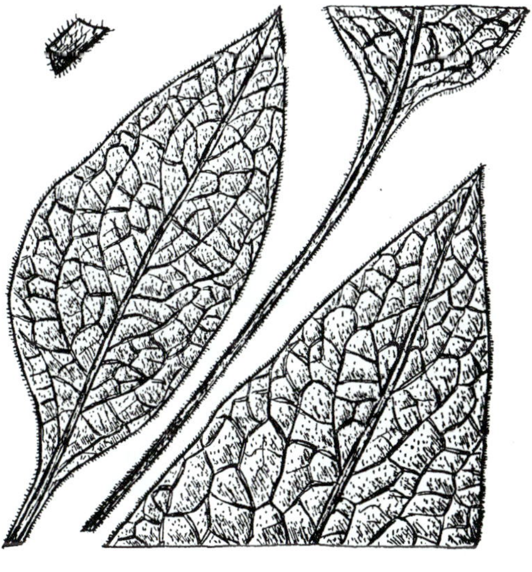

Sumpfdotterblume

(Cáltha palústris) –1 / b–S

Hahnenfußgewächs

Die Sumpfdotterblume hat rundliche bis breitovale Blätter mit strahlenförmig auseinandergehenden Hauptnerven. Die Blätter sind meistens über 5 Zentimeter breit, auf der Oberseite speckig, dunkelgrün glänzend und vollkommen kahl.

Der Blattrand ist ziemlich regelmäßig gezähnt bis gekerbt und oft etwas wellig verformt. Der oben etwas flache, sonst jedoch halbrunde Blattstiel ist röhrig hohl und daher leicht zusammendrückbar. Der Blattstiel ansatz befindet sich an der stärkeren ungezähnten Einbuchtung der Blattspreite.

Die Blüten sind goldgelb.

Hauptblütezeit: April – Mai

Die Sumpfdotterblume finden wir in Sumpf- und Naßwiesen sowie an nassen Stellen in Wiesen und Weiden, vor allem in Berglagen. Sie ist ein giftiger **Nässezeiger**.

Frauenmantel

(Alchemílla xantochlóra) 5 / n–s

Rosengewächs

Der Frauenmantel ist eine kleinere Pflanze mit etwa 5 Zentimeter breiten, langgestielten und meist etwas trichterförmig zusammengezogenen Blättern. Die 5 bis 10 ziemlich regelmäßig ausgebildeten Lappen sind nicht tief eingeschnitten. Die Lappenränder sind fein, aber spitz gezähnt.

Das ganze Blatt, insbesondere jedoch der Blattstiel und die Blattunterseite sind häufig weichzottig behaart. Es gibt jedoch auch nahezu kahle Unterarten.

Die unscheinbaren Blütchen sind grünlich.

Hauptblütezeit: Mai – August

Den Frauenmantel finden wir vorwiegend im frischen bis feuchten Dauergrünland, besonders in Berglagen, aber auch in Naßwiesen. Er bevorzugt nährstoffreichere Böden.

Huflattich

(Tussilágo fárfara) 1 / b–s

Korbblütler

Der Huflattich hat oftmals über 20 Zentimeter breite Blätter. Die Blattoberseite ist meistens etwas speckig glänzend, die Blattunterseite ± graufilzig behaart.

Der gezähnte Blattrand ist zwischen den strahlenförmig auseinandergehenden Hauptnerven leicht eingebuchtet. Dadurch erhält die Blattspreite oft eine vieleckige Form. Die jungen, kleinen Blätter haben auf der Oberseite einen leichtabwischbaren, filzigen Belag. Der Blattstiel ist oben in seiner ganzen Länge breitrinnig ausgebildet.

Die Blütenköpfe sind gelb. Sie erscheinen vor den Blättern.

Hauptblütezeit: Februar – April

Den Huflattich finden wir im lückigen Dauergrünland, besonders aber in Ackergrünlandbeständen, vorwiegend auf lehmigen, kalkreichen wasserstauenden Böden. Er ist auch ein Ackerunkraut sowie ein **Lehm- und Wasserzug-Zeiger**.

Sumpfstorchschnabel

(Geránium palústre) 2 / b–s

Storchschnabel-Gewächs

Der Sumpfstorchschnabel hat deutlich kantige Blattstiele, jedoch ohne eine auffallende Längsrille. Die Stiele sind dicht, kurz und steif behaart. Sie haben keine roten Punkte oder Streifen.

Die Blätter sind bis über 10 Zentimeter breit und in 5 bis 7, meist über die Hälfte eingeschnittene, grobe Hauptlappen gegliedert. Auch die Zähne sind grob und ± spitzoval. Die Blattunterseite ist häufig dicht abstehend kurz und steif, die Oberseite normal ganz kurz behaart.

Die Blüten sind rotviolett.

Hauptblütezeit: Juni – September

Den Sumpfstorchschnabel finden wir in wechselfeuchten bis nassen, nährstoffreichen Wiesen und in Moorwiesen.

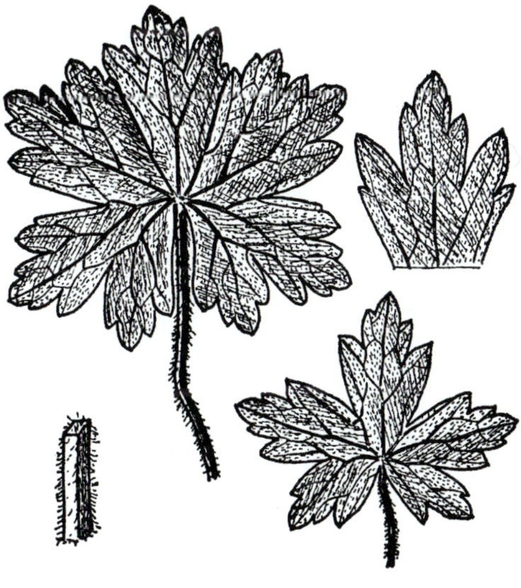

Brauner Storchschnabel

(Geránium phaēum) 2 / –

Storchschnabel-Gewächs

Der Braune Storchschnabel hat rundliche Blattstiele ohne eine auffallende Längsrille. Sie sind meistens rot punktiert oder gestrichelt und im obersten Teil oft kurz feinseidig behaart mit einzelnen längeren, abstehenden Haaren.

Das oft über 10 Zentimeter breit Blatt ist meistens siebenlappig und auffallend breitgezogen. Nur die oberen 3 Lappen sind – besonders beim Umbiegen ersichtlich – bis zur Blatthälfte eingeschnitten. Die Blattfläche wirkt sehr geschlossen. Die Blattoberseite ist häufig kurz und fein behaart. Die Zähne am Blattrand sind grobstumpf. Sie haben jedoch ein auffallend hochgezogenes Spitzchen.

Die Blüten sind braunviolett.

Hauptblütezeit: Mai – August

Den Braunen Storchschnabel finden wir in frischen, nährstoffreichen Wiesen, besonders in Waldnähe. Er ist ein **Nährstoffzeiger**.

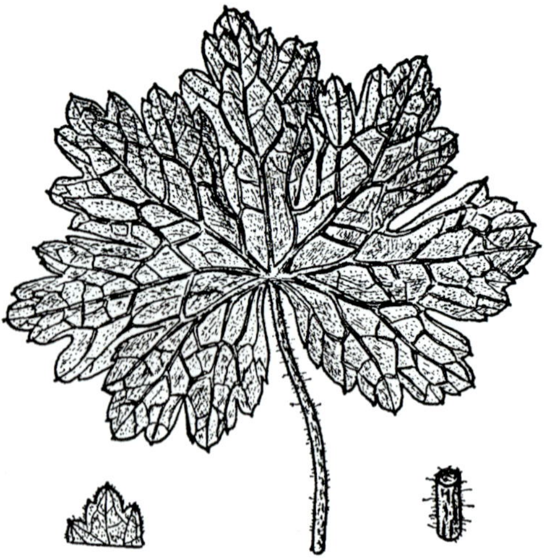

Wiesenstorchschnabel

(Gerânium praténse) 2 / b–s

Storchschnabel-Gewächs

Der Wiesenstorchschnabel hat rundliche Blattstiele ohne eine auffallende Längsrille. Sie sind nicht rot punktiert oder gestreift. Im oberen Teil sind die Blattstiele ebenso wie die Blattoberseite und die Nerven auf der Unterseite abstehend kurz, teilweise sogar borstig behaart.

Das Blatt ist oft mehr als 10 Zentimeter breit und besteht meistens aus 7 sehr stark zerschlitzten und über die Hälfte eingeschnittenen Lappen. Es ist auch nicht auffallend breitgezogen. Der Blattrand ist grobspitz gezähnt.

Die Blüten sind blau bis blauviolett.

Hauptblütezeit: Mai – August

Den Wiesenstorchschnabel finden wir in frischen bis wechselfeuchten, meistens kalkhaltigen und nährstoffreichen Wiesen, insbesondere der tieferen Lagen. Er ist ein **Nährstoffzeiger**.

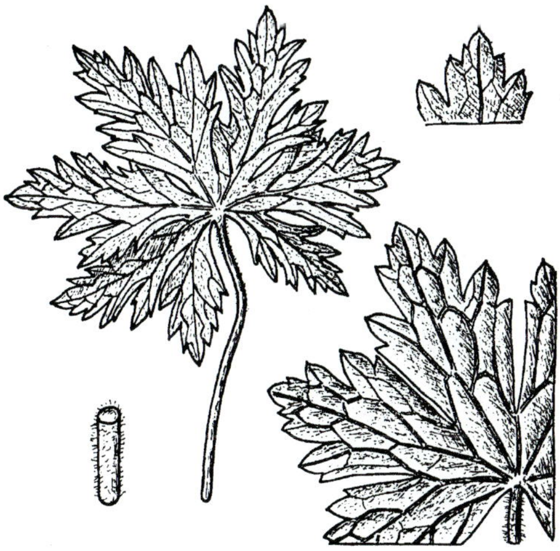

Scharfer Hahnenfuß

(Ranúnculus ácris) 1 / b–s

Hahnenfußgewächs

Der Scharfe Hahnenfuß hat mindestens im oberen Teil mit einer leicht erkennbaren, deutlichen Längsrille versehene Blattstiele. Sie sind wie alle übrigen Pflanzenteile ganz fein und zartanliegend behaart.

Die Blätter sind in 3 nahezu bis zum Blattstielansatz eingeschnittene, oft wieder selbst stark zerschlitzte Hauptlappen gegliedert. Die Blattzipfel sind meistens langgezogen und schmal. Jüngere Blätter hingegen sind oft nicht sehr stark und tief eingeschnitten oder zerschlitzt.

Die Blüten sind gelb.

Hauptblütezeit: April – September

Den Scharfen Hahnenfuß finden wir in frischen bis mäßig nassen und zumeist auch nährstoffreichen Wiesen und Weiden. Er ist ein bekämpfbarer **Nährstoffzeiger**.

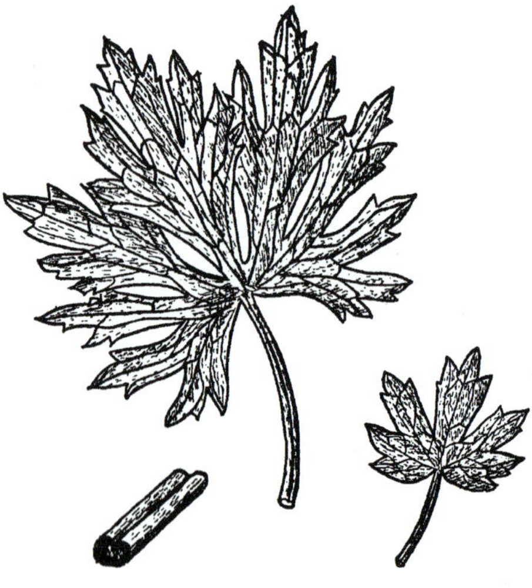

Knolliger Hahnenfuß

(Ranúnculus bulbósus) 1 / b–s

Hahnenfußgewächs

Die Blätter des Knolligen Hahnenfußes bestehen aus drei Hauptlappen, die nicht sehr stark zerschlitzt oder gegliedert sind. Die Blattstiele haben eine deutliche Längsrille. Knapp unter der Erdoberfläche finden wir die weißliche, radieschenartige Knolle.

Die Endlappen sind zumeist ± breit. Die Frühjahrs- und Vorsommerblätter sind öfter dreiteilig und stärker zerschlitzt. Das Endblättchen ist dann häufig länger gestielt.

Das ganze Blatt ist samt dem Blattstiel meistens weich und ziemlich dicht, aber abstehend behaart.

Die Blüten sind gelb.

Hauptblütezeit: Mai – Juli

Den Knolligen Hahnenfuß finden wir zumeist in trockenen, nährstoffarmen Wiesen und Weiden sowie im Kalkmagerrasen. Er ist ein **Trockenheitszeiger**.

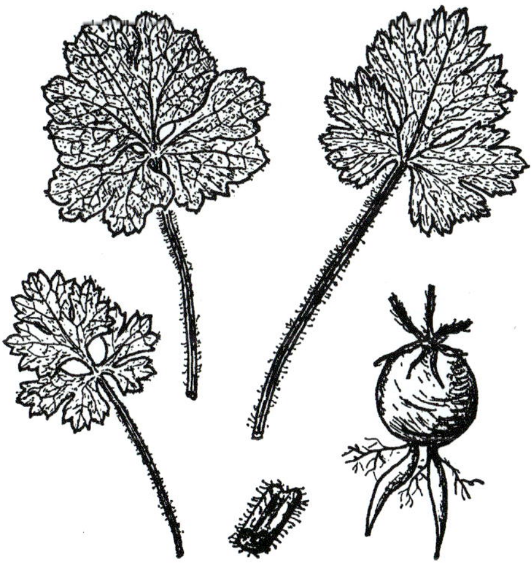

Kriechender Hahnenfuß

(Ranúnculus répens) 2 / b–s

Hahnenfußgewächs

Der Kriechende Hahnenfuß hat ein dreiteiliges, zerschlitztes Blatt, wobei das Endblättchen deutlich länger gestielt ist als die beiden Seitenblättchen. Auch seine Blattstiele haben mindestens im oberen Teil eine deutliche Längsfurche.

Der Blattrand ist grob gezähnt, der Blattstiel häufig locker abstehend behaart, zuweilen aber auch kahl. Im Boden befindet sich keine radieschenartige Knolle. Die oberirdischen Ausläufer sind nicht immer vorhanden.

Die Blüten sind gelb.

Hauptblütezeit: Mai – September

Den Kriechenden Hahnenfuß finden wir im frischen bis nassen, zumeist etwas verdichteten, nährstoffreichen Grünland, besonders in Weiden. Er ist ein **Lehm- und Bodenverdichtungsanzeiger**.

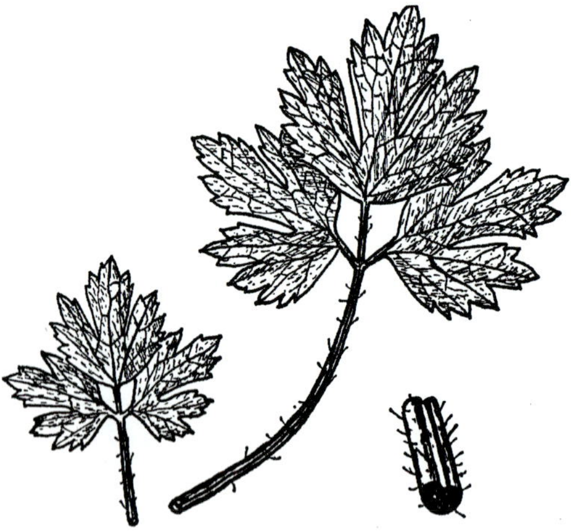

Blutwurz

(Potentílla erécta) 2 / s–S

Rosengewächs

Die Blutwurz ist ein zierliches Pflänzchen mit einem fadendünnen, etwas drahtigen und oft weich behaarten Stengel.

Die zusammengesetzten Blätter bestehen meistens aus 3 größeren, länglichen, scharf gezähnten sowie am Grund häufig verwachsenen Blättchen. Diese sitzen ungestielt oder ganz kurz gestielt am Stengel. Den Stengel selbst umschließen 2 kleinere, ebenfalls scharf gezähnte und zerschlitzte Nebenblätter. Die Blätter sind oft fein und weich behaart, manchmal aber nahezu kahl. Der kurze Wurzelstock ist braun.

Die Blüten sind gelb.

Hauptblütezeit: Juni August

Die Blutwurz finden wir im frischen bis nassen, meistens nährstoffarmen und versauerten Magerrasen, in Magerwiesen und Magerweiden sowie auch in Moorwiesen. Sie ist ein **Magerkeits- und Versauerungszeiger**.

Hornklee, Hornschotenklee, Schotenklee

(Lótus corniculátus) 7 / b–s

S c h m e t t e r l i n g s b l ü t l e r

Der Hornklee hat dreiteilige, ganzrandige Kleeblätter mit 2 gleich geformten, direkt am Blattstiel sitzenden Nebenblättern.

Die Teilblättchen sind meistens kahl, manchmal jedoch – besonders an trockenen Standorten – auch stärker behaart. Der Stengel ist mit Mark ausgefüllt, und im Boden finden wir keine unterirdischen Ausläufer.

Der sehr ähnliche, jedoch nur in Naßweiden vorkommende **Sumpfschotenklee** *(Lotús uliginósus)* hat einen ± hohlröhrigen Stengel und unterirdische Ausläufer.

Die Blütenköpfchen sind gelb, manchmal rot überlaufen.

Hauptblütezeit: Mai – August (Sumpfschotenklee: Juli)

Den Hornklee finden wir im trockenen bis wechselfeuchten, nicht besonders intensiv gedüngten und meist etwas wärmeren Dauergrünland. Er wird auch für langfristige Ackergründlandmischungen und für Dauergrünlandsaaten verwendet.

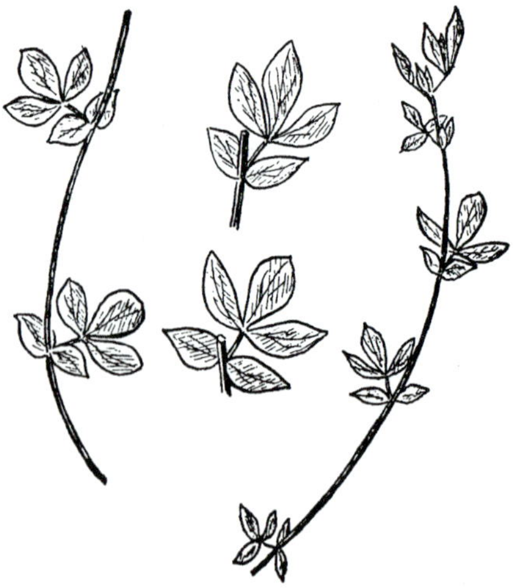

Dornige Hauhechel

(Onónis spinósa) 0 / b–n

Schmetterlingsblütler

Die Dornige Hauhechel ist ein von den Weidetieren verschmähter Zwergstrauch mit langen, spitzen Dornen und kleeartigen Blättern.

Der Stengel ist häufig auffallend ein- oder zweireihig abstehend behaart. Die Blätter sind langoval, am Rand spitz gezähnt und nicht einheitlich dreiteilig. Es kommen auch einfach oder zweiteilige Blätter vor und bei den dreiteiligen sowohl solche mit einem kurzgestielten als auch solche mit einem längergestielten Endblättchen. Die Nebenblätter sind länglich und am Rand gezähnt.

Die Blüten sind rosarot.

Hauptblütezeit: Juni – August

Die Dornige Hauhechel finden wir im trockenen, meist kalkhaltigen Magerrasen und in sonnigen Magerweiden. Sie ist ein Weideunkraut, ein **Trockenheits- und ein Magerkeitszeiger**.

Gelbklee, Hopfenklee

(Medicágo lupulína) 7 / b–s

Schmetterlingsblütler

Der Gelbklee hat ein dreiteiliges Kleeblatt mit einem deutlich länger gestielten Endblättchen. Der Stengel ist kantig.

Die Teilblättchen verjüngen sich ± keilförmig zum Grund hin. Sie sind nur im oberen Teil, und da nur wenig bis schwach gezähnt. Am Blattende finden wir ein auffallend breitangesetztes, kleines Spitzchen. Die Teilblättchen sind normal nahezu so breit wie lang. Am Stengel sitzen die in eine Spitze auslaufenden und meistens auch gezähnten Nebenblätter. Häufig ist die ganze Pflanze deutlich behaart.

Die kleinen Blütenköpfchen sind gelb.

Hauptblütezeit: Mai – September

Den Gelbklee finden wir in trockenen bis feuchten Dauergrünlandbeständen, hauptsächlich in Wiesen. Er wird auch für Ackergrünlandmischungen verwendet, setzt sich aber nur sehr selten durch. Auch Dauergrünlandmischungen wird er beigegeben.

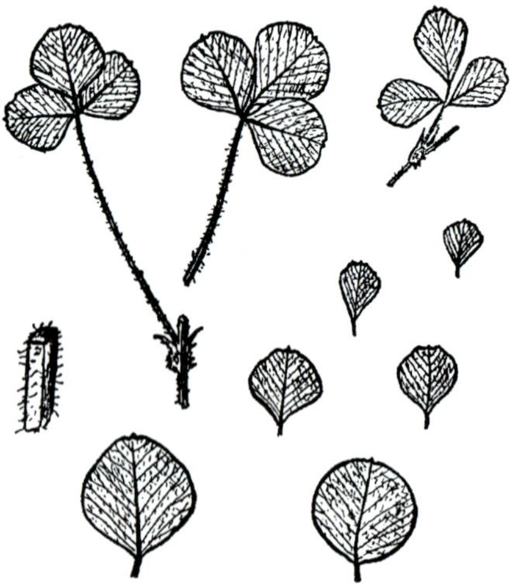

Luzerne und **Bastardluzerne**

(Medicágo satíva) 7 / b–s

Schmetterlingsblütler

Die Luzerne hat ein dreiteiliges Kleeblatt mit einem deutlich längergestielten Endblättchen. Der Stengel ist kantig, insbesondere die Seitentriebstengel.

Die Teilblättchen sind oft sehr unterschiedlich geformt. Zumeist sind sie aber keulenförmig schmal. Es gibt aber auch breite, nahezu eiförmige oder ovale Teilblättchen. Die Teilblättchen sind erst im oberen Drittel, dort aber meistens deutlich gezähnt. Am Blattende finden wir häufig eine besonders schmale und langgezogene, oft nadelartige Spitze als Fortsetzung des Mittelnervs. Die Luzerne ist besonders auf der Blattunterseite öfters stärker behaart.

Die Blüten sind blau bis violett.

Hauptblütezeit: Juni – September

Die Luzerne ist eine ausgesprochene Ackergrünlandpflanze für leichtere, kalkhaltige Böden. Von ihr gibt es wertvolle, ertragreiche Zuchtsorten. Zuweilen finden wir sie auch verwildert in trockenen, aus Ansaaten hervorgegangenen Wiesen.

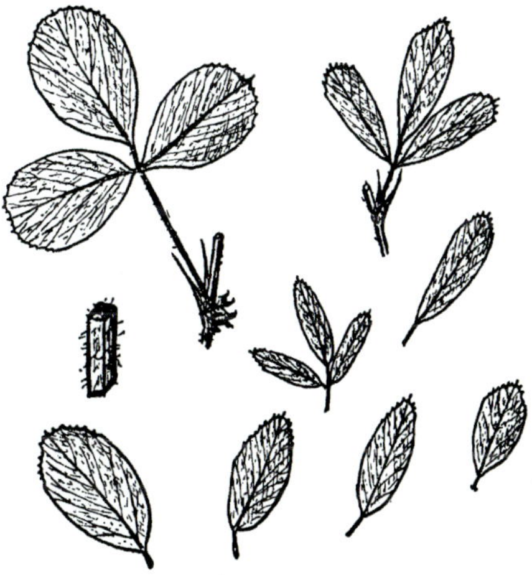

Feldklee

(Trifólium campéstre) 6 / b–s

Schmetterlingsblütler

Der Feldklee hat ein dreiteiliges Kleeblatt mit deutlich längergestieltem Endblättchen. Der Stengel ist ± rundlich und oft leicht behaart. Die ganze Pflanze ist nicht besonders kräftig.

Der Blattstiel ist wesentlich länger als die ganzrandigen, am Rand meistens behaarten Nebenblätter beim Blattstielansatz. Die Teilblättchen verschmälern sich deutlich keilförmig in den Grund. Im oberen Teil sind sie gezähnt. Sie haben aber keine aufgesetzte Spitze am Blattende. Meistens zählen wir mehr als 8 Seitennervenpaare je Blättchen.

Die Blütenköpfchen sind goldgelb.

Hauptblütezeit: Juni – September

Den Feldklee finden wir in trockenen bis frischen, nährstoffarmen Magerwiesen und Magerweiden. Er ist ein **Magerkeitszeiger**.

Fadenklee

(Trifólium dúbium) 6 / n–s

Schmetterlingsblütler

Der Feldklee ist ein ganz zartes, unscheinbares Kleepflänzchen mit einem rundlichen fadendünnen Stengel. Das Endblättchen des dreiteiligen Kleeblattes ist häufig, jedoch nicht immer länger gestielt als die Seitenblättchen.

Der Blattstiel ist auch bei den tieferliegenden Blättchen sehr kurz und kaum länger als die ebenfalls ± ganzrandigen Nebenblättchen am Blattstiel. Die Teilblättchen verjüngen sich auch deutlich keilförmig zum Grund hin. Im oberen Drittel sind sie gezähnt, ohne vorspringende Spitze am Blattende. Selten finden wir mehr als 6 Seitennervenpaare je Teilblättchen.

Die Blütenköpfchen sind gelb.

Hauptblütezeit: Mai – September

Den Fadenklee finden wir im mäßig trockenen bis feuchten Dauergründland, besonders im Unterwuchs auf nicht allzu intensiv gedüngten, lehmigen Böden. Er ist ein **Lehmzeiger**.

Alexandrinerklee

(Trifólium alexandrínum) (6) / –

S c h m e t t e r l i n g s b l ü t l e r

Der Alexandrinerklee ist ein einjähriger, bei uns nicht winterharter Ackerklee mit normal gestielten, dreiteiligen, behaarten Kleeblättern.

Seine länglichen Nebenvlätter laufen in eine lange, deutlich bewimperte Spitze aus. Die Teilblättchen selbst sind oft recht unterschiedlich geformt, meistens jedoch sind sie schmal und im oberen Teil gezähnt, ohne spitz vorspringendem Endnerv. Sie haben keine helle Dreieckszeichnung. Der Blattstiel und die Blattober- und -unterseite sind häufig ziemlich dicht weich behaart. Der aufrechte, oft hohle Stengel ist verzweigt, ± rundlich sowie kahl bis leicht behaart.

Die Blütenköpfchen sind weiß bis gelblichweiß.

Hauptblütezeit: Juni – September

Der Alexandrinerklee ist ein einjähriges, rasch wachsendes Ackerfutter. Er wird meist im Gemisch mit kurzlebigen Raygräsern und auch als Rotklee-Ersatz gebaut.

Inkarnatklee

(Trifólium incarnátum) (5) / –

Schmetterlingsblütler

Der Inkarnatklee ist ein bei uns höchstens einen Winter überdauernder Ackerklee mit dichtbehaarten, normalen Kleeblättern.

Die ganze aufrecht wachsende und wenig verzweigte Pflanze ist ± dichtzottig behaart. Die Teilblättchen sind meistens verkehrt eiförmig bis rundlich, ganzrandig oder höchstens im obersten Teil leicht gezähnt. Sie haben keine hellere Dreieckszeichnung. Die ziemlich großen Nebenblätter sind häufig mit dem Blattstiel und dem Stengel verwachsen und oben meist abgerundet, manchmal auch spitz hochgezogen. Der Nebenblattrand ist oft rötlich oder schwarz angelaufen, häufig auch weißlich durchscheinend.

Die länglichen Blütenköpfe sind purpurrot oder weiß.

Hauptblütezeit: April – Juli

Der Inkarnatklee wird vorwiegend für überwinternde Zwischenfruchtgemenge – wie das bekannte Landsberger-gemenge – verwendet. Vereinzelt finden wir ihn auch in sonstigen Ackergrünlandschlägen.

Rotklee, Wiesenrotklee und **Ackerrotklee**

(Trifólium praténse) 7 / b–s

Schmetterlingsblütler

Der Rotklee hat ein normales, dreiteiliges, zumindest ganz fein bewimpertes Kleeblatt. Die Nebenblätter laufen nur in eine kurze Spitze aus, die sich in eine am Ende meist dreispitzige Granne fortsetzt.

Die Teilbättchen sind spitzoval bis breiteiförmig und häufig weiß dreieckig gezeichnet. Der ganzrandige Blattrand ist immer bewimpert. Meistens ist auch die ganze Pflanze ± zartanliegend behaart. Der aufrecht wachsende Stengel ist verzweigt, aber nicht auffällig hin und her gebogen.

Die Blütenköpfe sind hell- bis dunkelrot, vereinzelt auch weiß.

Hauptblütezeit: Juni – September

Den Rotklee finden wir im mäßig trockenen bis feuchten, ja sogar wechselnassen Dauergrünland bei guter Phosphor- und Kaliversorgung sowie nicht zu intensive Nutzung, vor allem in Wiesen. Er ist auch eine sehr ertragreiche, aber kurzlebige Ackergrünlandpflanze, mit besonders wertvollen Zuchtsorten.

Mittlerer Klee, Zickzack-Klee

(Trifólium médium) 4 / b–s

Schmetterlingsblütler

Der Mittlere Klee hat rotkleeähnliche, dreiteilige Kleeblätter. Die Nebenblätter sind jedoch schmal und im oberen Teil vom Blattstiel abstehend in eine langgezogene, meist dicht behaarte Spitze auslaufend, die sich nicht in eine Granne fortsetzt.

Die Teilblättchen sind häufig spitzoval und am Rand ebenfalls bewimpert. Der Blattstiel ist oft etwas abstehend behaart. Oft haben die Teilblättchen auch eine deutliche Dreieckszeichnung. Der Blattrand ist ganzrandig. Der aufsteigende Stengel ist eigentümlich zackig hin und her gebogen und meistens stärker verzweigt.

Die Blütenköpfe sind purpurrot.

Hauptblütezeit: Mai – Juli

Den Mittleren Klee finden wir in trockenen bis frischen Magerwiesen und im Magerrasen, besonders in Waldnähe. Er ist ein **Lehmzeiger**.

Bergklee

(Trifólium montánum) 5 / b–n

Schmetterlingsblütler

Der Bergklee hat ebenfalls normale, dreiteilige Kleeblätter. Es sind jedoch nur die Blattunterseite, die Blattstiele sowie der Stengel ± zartanliegend behaart. Die Blattoberseite ist meistens kahl. Die langen und schmalen Nebenblätter sind bis auf eine kurzabstehende, kahle Spitze mit dem Blattstiel verwachsen.

Die spitzovalen bis eiförmigen Teilblättchen haben keine Dreieckszeichnung. Die Seitennerven sind am Ende deutlich gegabelt und der Blattrand rundherum sehr fein, aber regelmäßig gezähnt. Der aufrecht wachsende Stengel ist verzweigt.

Die Blütenköpfchen sind weiß.

Hauptblütezeit: Mai – Juli

Den Bergklee finden wir im wechseltrockenen bis wechselfeuchten, meist kalkhaltigen Magerrasen und in Magerwiesen, besonders in Waldnähe, sowie in mageren Auwiesen. Er ist ein **Kalk- und Wechseltrockenheitszeiger**.

Weißklee

(Trifólium répens) 8 / b–s

Schmetterlingsblütler

Der Weißklee hat am Boden oder in der Grasnarbe dahinkriechende Ausläufer und keinen aufrecht wachsenden, verzweigten Stengel. Das normale, dreiteilige Kleeblatt ist wie die übrige Pflanze vollkommen kahl.

Jedes Blatt steigt einzeln, langgestielt vom Kriechtrieb auf. Die eiförmigen bis breiteiförmigen Teilblättchen haben zumeist eine helle Dreieckszeichnung. Der Blattrand ist besonders im mittleren und unteren Teil gezähnt. Die Nebenblätter umschließen den Ausläufer röhrenförmig.

Die langgestielten Blütenköpfchen sind weiß.

Hauptblütezeit: Mai – Oktober

Den Weißklee finden wir im mäßig trockenen bis sehr feuchten Dauergrünland, insbesondere in Weiden, vor allem bei guter Phosphor- und Kaliversorgung und intensiver Nutzung. Er wird auch für intensiv genutztes Ackergrünland sowie für Dauergrünlandansaaten verwendet. Von ihm gibt es bereits gute Zuchtsorten.Er ist der weidefesteste Klee.

Persischer Klee

(Trifólium resupinátum) (6) / –

Schmetterlingsblütler

Der Persische Klee ist ein nicht winterharter, einjähriger Ackerklee mit normalen, dreiteiligen, immer kahlen Kleeblättern. Die Blattstiele und die dicklichen Stengel sind ebenfalls kahl und weitröhrig hohl. Sie lassen sich leicht zusammendrücken.

Der normal aufrecht wachsende Stengel lagert sehr leicht und steigt dann erst im letzten Teil auf. Die spitzovalen bis verkehrt eiförmigen Teilblättchen haben keine Dreieckszeichnung. Sie sind oft ziemlich groß und ringsherum spitz gezähnt. Die Nebenblätter laufen in eine langgezogene, kahle Spitze aus. Er hat eine weißliche Pfahlwurzel.

Die kleinen Blütenköpfchen sind rosa bis weißviolett.

Hauptblütezeit: Mai – Juli

Der Persische Klee ist eine raschwüchsige, streng einjährige Ackergrünlandpflanze, die am besten im Gemenge mit kurzlebigen Raygräsern angesät wird. Er ist gleichfalls eine Ersatzpflanze für ausgewinterten Rotklee.

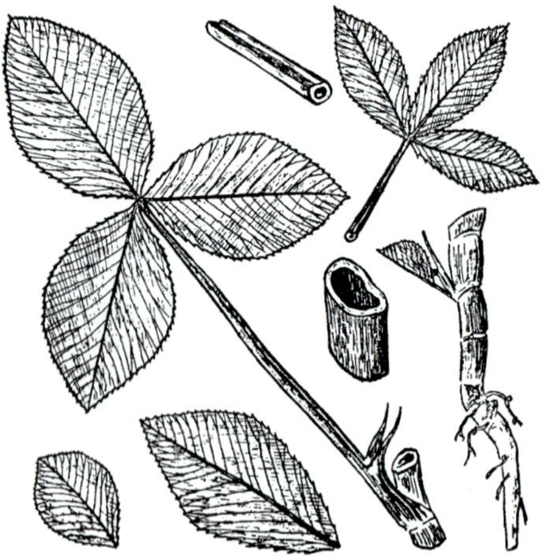

Bastardklee, Schwedenklee

(Trifólium hýbridum) 6 / n–b

Schmetterlingsblütler

Der Schwedenklee hat normale, dreiteilige, immer kahle Kleeblätter und einen aufrecht wachsenden, nicht weitröhrig hohlen, verzweigten Stengel, wenngleich er auch manchmal etwas plattgedrückt und hohl sein kann.

Die eiförmigen bis breitovalen, vorne häufig etwas abgerundeten Teilblättchen haben ebenfalls keine Dreieckszeichnung. Sie sind meistens nur im unteren Teil, zuweilen aber auch ringsherum gezähnt. Die Blattstiele sind nicht auffallend röhrig hohl. Die Nebenblätter laufen in eine lange, grannenlose Spitze aus.

Die Blütenköpfchen sind weißlichrosa.

Hauptblütezeit: Mai – August

Den Schwedenklee finden wir im frischen bis nassen, meist nicht nährstoffarmen Dauergrünland, insbesondere an lückigen Stellen. Als Ackergrünlandpflanze hat er nur für feuchtere Lagen eine gewissen Bedeutung. Das gleiche gilt für Dauergrünlandmischungen.

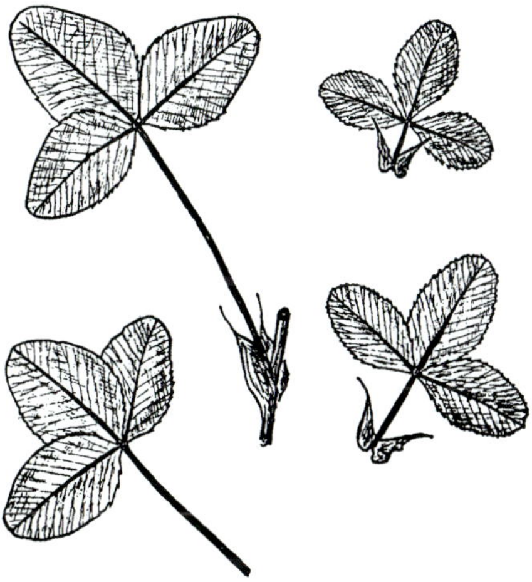

Wiesenplatterbse

(Láthyrus praténsis) 7 / b–s

Schmetterlingsblütler

Die Wiesenplatterbse hat nur 1 Teilblättchenpaar und eine Endranke.

Der Blattstiel ist meistens 1 bis 2 Zentimeter lang. Die vorne und hinten zugespitzten Teilblättchen sind ganzrandig und ± längsnervig. Am deutlich vierkantigen, jedoch nicht auffallend breit geflügelten Stengel sitzen beim Blattstielansatz zwei große, spitzovale Nebenblätter. Sie haben häufig nach hinten stehende, spitze Zipfel.

Die Blüten sind gelb.

Hauptblütezeit: Juni – Juli

Die Wiesenplatterbse finden wir vor allem in frischen bis feuchten und sogar nassen, gut mit Phosphor und Kali versorgten und nicht intensiv genutzten Dauerwiesen, Naß- und Moorwiesen.

Zaunwicke

(Vícia sépium) 6 / b–s

Schmetterlingsblütler

Die Zaunwicke hat meistens nur 2 bis 6 Paar eiförmige bis birnenförmige Teilblättchen und eine Endranke am Blattstielende.

Die Teilblättchen sind ganzrandig, vielnervig und häufig am Rand ganz leicht behaart. An der Blattstielansatzstelle finden wir am Stengel 2 kleinere, spitzzipfelige Nebenblätter.

Die Blüten sind rotviolett oder lila und manchmal auch gelblich weiß.

Hauptblütezeit: Mai – August

Die Zaunwicke finden wir im frischen bis feuchten, gut mit Phosphor und Kali versorgten und nicht sehr intensiv genutzten Dauergrünland, vor allem in Wiesen. Sie ist ein **Nährstoffzeiger**.

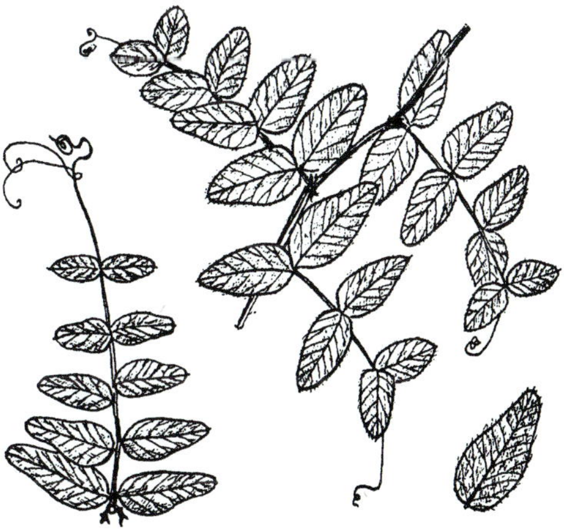

Vogelwicke

(Vícia crácca) 6 / b–s

Schmetterlingsblütler

Die Vogelwicke hat meistens mehr als 5 Paar sehr schmale Seitenblättchen und eine Endranke am Blattstielende.

Die ganzrandigen Teilblättchen haben häufig nur 2 bis 3 Seitennervenpaare. Die Blättchen sind oft kahl und nicht immer regelmäßig paarweise angeordnet. Am vierkantigen Stengel finden wir an der Blattstielansatzstelle zwei kleine, spitze Nebenblättchen. Sie sind meistens – ebenso wie der Blattstiel – fein behaart.

Die Blüten sind blauviolett.

Hauptblütezeit: Juni – August

Die Vogelwicke finden wir im trockenen bis feuchten und teilweise sogar nassen, gut mit Phosphor und Kali versorgten Dauergrünland, besonders in Dauerwiesen bei extensiverer Nutzung.

Wundklee

(Anthýllis vulnerária) 5 / b–s

Schmetterlingsblütler

Der Wundklee hat meist paarig am Blattsitel angeordnete, ganzrandige Seitenblättchen und ein besonders auffallend großes Endblättchen. Manchmal ist nur das gestielte Endblättchen allein vorhanden.

Häufig finden wir jedoch bis zu 7 nach unten immer noch kleiner werdende Seitenblattpaare. Die etwas steiflichen, mitsamt dem Blattstiel meist über 10 Zentimeter langen Blätter sind oft kahl, manchmal jedoch auch stärker behaart.

Die großen Blütenköpfchen sind gelb.

Hauptblütezeit: Mai – Juni

Den Wundklee finden wir vorwiegend in trockenen und meistens auch kalkhaltigen, sonnigen Magerweiden und im Kalkmagerrasen. Er ist ein **Trockenhelts- und Magerkeitszeiger**.

Esparsette

(Onobrýchis viciifólia) 7 / b–n

Schmetterlingsblütler

Die Esparsette hat an den Blattstielen 6 bis über 20 meist längliche Seitenblättchenpaare sowie ein gleichförmiges Endblättchen am Blattstielende.

Die dichtnervigen, ganzrandigen Teilblättchen sind auf der Blattunterseite häufig angedrückt behaart und über 3 Millimeter breit. Sie können auch eiförmig bis spitzoval ausgebildet sein. Die Teilblättchen sind weiters ganz kurz und meistens hellgrün gestielt. Die Nebenblätter laufen normal in eine etwas langgezogene, behaarte Spitze aus. Sie sind oft bräunlich durchscheinend. Der Stengel ist teilweise hohl, zum Teil auch mit Mark ausgefüllt.

Die Blüten sind rot.

Hauptblütezeit: Mai – Juli

Die Esparsette finden wir in trockenen, warmen und meist kalkhaltigen Magerwiesen und im Kalkmagerrasen. Im Trockengebiet wird sie auch als Ackergrünlandpflanze gebaut. Sie ist ein **Lehm- und Kalkzeiger**.

Bunte Kronwicke

(Coronílla vária) –1 / b–n

Schmetterlingsblütler

Die Bunte Kronwicke hat am Blattstiel 4 bis über 10 ganzrandige, jedoch von Blatt zu Blatt oft recht unterschiedlich geformte Seitenblättchenpaare und ein gleich ausgebildetes Endblättchen.

Die Blattunterseite ist meistens kahl und hellgrau. Die Blättchen sind sehr zart und welken sehr rasch. Es sind nur wenige und undeutlich ausgebildete Nebennerven vorhanden. Beim Blattstielansatz finden wir die ganz kleinen, spitzen Nebenblättchen. Häufig sitzen auch die ersten Seitenblättchen ganz nahe am Stengel und täuschen dadurch oft gleichförmige Nebenblätter vor.

Die Blüten sind hellrosa.

Hauptblütezeit: Juni – August

Die Bunte Kronwicke finden wir vorwiegend in trockenen, warmen, kalkhältigen Magerweiden und Magerwiesen und im Kalktrockenrasen. Sie ist giftig.

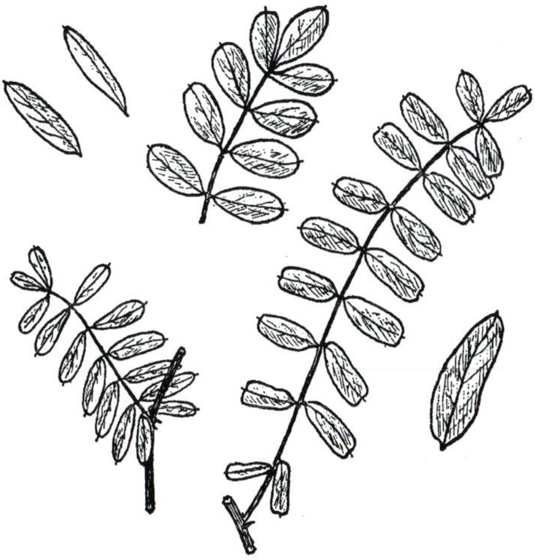

Schafgarbe

(Achilléa millefólium) 5 / b–s

Korbblütler

Die Schafgarbe hat ganz fein zerschlitzte Blätter mit 6 bis über 25 Paar fein und spitz gezähnten und stark gegliederten Seitenblättchen. Die langgezogenen Blätter sind in der Mitte am breitesten.

Auf der Blattoberseite tritt der hellere Hauptnerv deutlich erhaben hervor. Die einzelnen Seitenblättchen sind links und rechts von ihm durch einen Hautrand miteinander verbunden.

Die Blütchen sind weiß bis rosa.

Hauptblütezeit: Juni – Oktober

Die Schafgarbe finden wir im trockenen bis frischen und sogar wechselfeuchten, aber nie nassen Dauergrünland, hauptsächlich in nährstoffreichen Wiesen. Sie ist ein **Nährstoffzeiger**, der sich auf zusagenden Standorten oft zu stark ausbreitet.

Wiesenkümmel

(Cárum cárvi) 5 / b–s

Doldenblütler

Der Wiesenkümmel hat sehr fein zerschlitzte, kahle, zusammengesetzte Blätter mit etwa 1 Millimeter breiten und 5 Millimeter langen, vorne zugespitzten Zähnchen.

Besonders auffallend ist bei ihm das "Kümmelkreuz". Es sind dies 4 fein zerschlitzte Seitenblättchen, die beim Seitenstielansatz am Blattstiel sitzen und ein Kreuz bilden. Normal können wir 8 bis 12 Paar Abzweigungen am Blattstiel feststellen. Es sind dies entweder Seitenstiel- oder Blattpaare.

Die Blütendolden sind weiß bis rosa.

Hauptblütezeit: April – Juni

Den Wiesenkümmel finden wir in frischen bis feuchten, meist nährstoffreichen und gut mit Stickstoff versorgten Dauerwiesen und Dauerweiden, vor allem der höheren Lagen. Er ist ein **Nährstoffzeiger** mit gutem Futterwert. Bei übermäßig starkem Auftreten ist er jedoch unerwünscht.

Silge

(Selínum carvifólia) 3 / b–s

Doldenblütler

Die Silge hat ebenfalls sehr stark gegliederte, kahle Blätter, jedoch nicht mehr ganz so feine Zähnchen. Der untere Stengelteil ist häufig mit häutig wegstehenden, hellen, senkrechten, aber oft etwas gekrausten Leisten versehen.

Die Blätter sind sehr stark und locker gegliedert, die Zähnchen bis 5 Millimeter breit und bis 2 Zentimeter lang. Sie verschmälern sich meistens zum Grund hin. Am Ende tragen sie eine hellere, nadelartig vorstehende Spitze. Die Blätter haben selten mehr als 8 Paar Abzweigungen am Blattstiel. Der Blattstiel selbst ist ± dreikantig, und er hat auf der Oberseite nur eine sehr flache Rinne.

Die Blütendolde ist weiß bis rosa.

Hauptblütezeit: Juli – August

Die Silge finden wir in wechselfeuchten bis wechselnassen, meist auch nährstoffärmeren Wiesen und Wiesenstellen und in Moorwiesen. Sie ist ein **Wechselfeuchtezeiger**.

Wilde Möhre

(Dáucus caróta) 3 / b–s

Doldenblütler

Die Wilde Möhre hat sehr fein zerschlitzte und spitz gezähnte – zumindest aber am Blattstiel etwas borstig behaarte – zusammengesetzte Blätter. Die Bodenblätter sind häufig langgestielt und schmal, die Stengelblätter höchstens kurzgestielt und breit.

Meistens ist die ganze Pflanze stark, ja sogar zottig abstehend behaart; manchmal beschränkt sich die Behaarung jedoch nur auf die Blattstiele. Die Teilblättchen sind sehr fein zerschlitzt und die Zähnchen kaum über 2 Millimeter breit und 8 Millimeter lang. Sie laufen vorne in eine deutliche Spitze aus. Am Blattstiel entdecken wir selten mehr als 8 Paar Abzweigungen (Seitenstielpaare oder Blattpaare).

Die Blütendolde ist weiß.

Hauptblütezeit: Juni – September

Die Wilde Möhre finden wir im trockenen bis frischen, ja sogar wechselfeuchten, aber zeitweise trockenen Grünland.

Wiesenkerbel

(Anthríscus silvéstris) 4 / –

Doldenblütler

Der Wiesenkerbel hat meistens sehr große und stark gegliederte, auf der Oberseite oft dunkelgrün glänzende, zusammengesetzte Blätter. Die Teilblättchen sind aus höchstens 5 Millimeter breiten Zähnchen aufgebaut.

Am ersten Seitenstiel sind mehr als 3 Paar Abzweigungen, am Blattstiel selbst normal mehr als 4 Paar. Der Blattstiel und die Blattnerven sind oft leicht abstehend behaart. Die stark gezähnten Teilblättchen sind über 5 Millimeter breit und oft mehrere Zentimeter lang.

Die Blütendolde ist weißlich.

Hauptblütezeit: April – Juni

Den Wiesenkerbel finden wir in frischen bis feuchten, gut mit Nährstoffen versorgten Dauerwiesen, insbesondere in Berglagen. Bei intensiver Stickstoffversorgung ohne Weidegang ist er oft ein bestandesbildendes, schwer bekämpfbares, gefürchtetes Unkraut und ein **Stickstoffzeiger**.

Behaarter Kälberkropf, Bergkälberkropf

(Chaerophýllum hirsútum) 1 / –

Doldenblütler

Der Behaarte Kälberkopf hat größere, stark gegliederte, aber flächig wirkende, matte und behaarte Blätter.

Am ersten Seitenstiel sind selten mehr als 2 bis 3 Paar, am Blattstiel selbst normal nur 3 bis 4 Paar Abzweigungen. Die ganze Pflanze ist meistens kurzborstig behaart. Die Teilblätter sind in etwa 1 Zentimeter breite Lappen geteilt, die selbst wieder unregelmäßig gezähnt sind. Der ± halbrunde Blattstiel hat oben eine seichte Rinne.

Die Blütendolde ist weißlich bis rosa.

Hauptblütezeit: Mai – Juli

Den Behaarten Kälberkopf finden wir in frischen bis nassen, nährstoffreichen Bergwiesen. Er ist ein unerwünschter, schwer bekämpfbarer Nährstoffzeiger und insbesondere bei stärkerem Auftreten ein **Stickstoffzeiger**. Wir können ihn am ehestens mit einer geregelten Beweidung in Schach halten, wenn es die Wasserverhältnisse und die Grundstückslage zulassen.

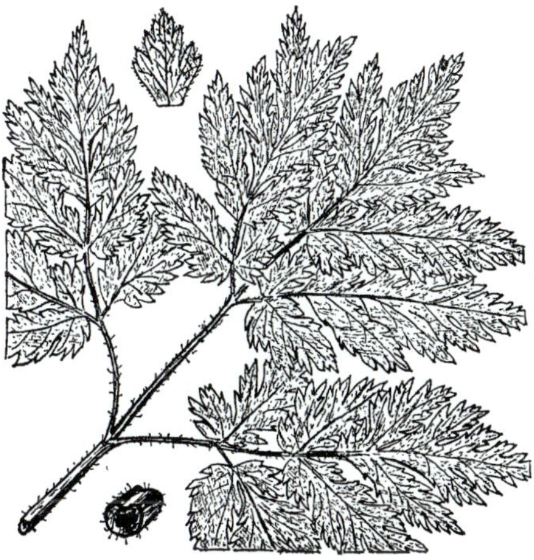

Adlerfarn

(Pterídium aquilínum) –1 / s–S

Tüpfelfarn – Sporenpflanze

Der Adlerfarn hat bis über 50 Zentimeter lange, stark gegliederte Blätter mit einem steifen, gelblichen, elfenbeinartigen Blattstiel. Am Blattstiel zählen wir meist über 10 Paar Abzweigungen.

Die untersten Seitenstiele tragen Nebenstiele. Erst auf diesen sitzen ungestielt, mit der ganzen Breitseite, die länglichen, ganzrandigen, etwas steifen Teilblättchen. Sie sind selten über 5 Millimeter breit. Der Teilblättchenrand ist nach unten umgebogen. Unter diesem Rand finden wir manchmal Sporenstreifen, jedoch nie rundliche Sporenhäufchen.

Der Adlerfarn bildet als Sporenpflanze keine Blüten aus.

Sporenlagerausbildung: Juli – Oktober

Den Adlerfarn finden wir vor allem in trockenen bis frischen, in der Tiefe jedoch meist wasserführenden, ungepflegten Weiden und Almflächen. Er ist ein giftiges Weideunkraut und schwierig zu bekämpfen, wenn die Weideflächen nicht regelmäßig nachgeputzt werden können.

Engelwurz, Waldengelwurz

(Angélica silvéstris) 2 / –

Doldenblütler

Die Waldengelwurz hat sehr große, samt dem Blattstiel oft bis über 50 Zentimeter lange, zusammengesetzte Blätter mit größeren, normal über 2 Zentimeter langen, am Rand sehr regelmäßig und scharf gezähnten Teilblättchen.

Der unten abgerundete und oben etwas zusammengezogene Blattstiel hat auf seiner Oberseite eine tiefe Rinne. Die länglichspitzen bis spitz eiförmigen Teilblättchen sitzen kurzgestielt oder ungestielt auf Seiten- oder gar Nebenstielen und erst am Blattende am Blattstiel. Wo die Seitenstiele am Blattstiel entspringen, finden wir manchmal kanz kleine, abstehende Blättchen.

Die Blütendolde ist weißlich bis rosa.

Hauptblütezeit: Juli – August

Die Waldengelwurz finden wir in feuchten bis nassen, meist nährstoffreichen Wiesen und Wiesenstellen, seltener in Naßweiden. Sie ein **Gleyboden- und Nährstoffzeiger**.

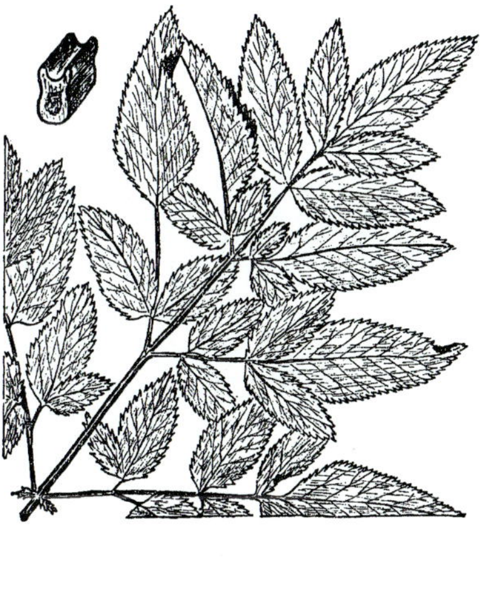

Geißfuß, Giersch

(Aegopódium podagrária) 3 / b–s

Doldenblütler

Der Geißfuß hat ein zusammengesetztes Blatt mit normalerweise über 3 Zentimeter langen, ± spitzeiförmigen, meist unsymmetrischen und am Rand sehr scharf, aber unregelmäßig gezähnten Teilblättchen.

Der deutlich dreikantige Blattstiel hat oben nur eine ganz flache Rinne. Von ihm zweigen höchstens 3 Blatt- oder Seitenstielpaare ab. Die untersten Blätter sind meistens langgestielt. Sie haben häufig einen großen, auffällig nach unten stehenden Blattzipfel. Im Boden befinden sich lange, queckenartige Ausläufer.

Die Blütendolde ist weißlich.

Hauptblütezeit: Mai – Juli

Den Geißfuß finden wir im frischen bis wechselfeuchten, meist nährstoffreichen und gut mit Stickstoff versorgten Dauergrünland. Auch in Ackergrünlandbeständen tritt er manchmal – besonders bei intensiver Stickstoffanwendung – unangenehm in Erscheinung. Er ist ein schwer bekämpfbares Ackerunkraut sowie ein **Fruchtbarkeits- und Nährstoffzeiger**.

Bärenklau

(Herácleum spondýlium) 5 / –

Doldenblütler

Der Bärenklau hat sehr große, mitsamt dem Stiel oft über 50 Zentimeter lange Blätter, mit sehr unterschiedlich geformten, aber immer großflächigen, groben Teilblättern. Die Blattoberseite, die Nerven auf der Unterseite und insbesondere der Blattstiel sind abstehend grobborstig behaart.

Der meist halbovale Blattstiel hat auf der Oberseite eine deutliche Rinne. Normal finden wir 1 bis 3 Paar unregelmäßig gezähnte, schwach bis sehr stark gegliederte Seitenblattpaare und ein esonders großes und meist stark zerteiltes Endblatt. Zuweilen ist nur dieses Endblatt allein vorhanden.

Die Blütendolde ist weißlich bis gelblich.

Hauptblütezeit: Juni – September

Den Bärenklau finden wir vor allem in frischen bis feuchten, nährstoffreichen und insbesondere intensiv mit Stickstoff versorgten Dauerwiesen.

Da er nicht weidefest ist, können wir ihn durch regelmäßige Beweidung eindämmen. Sonst ist er aber ein schwer bekämpfbarer **Stickstoff- und Nährstoffzeiger**.

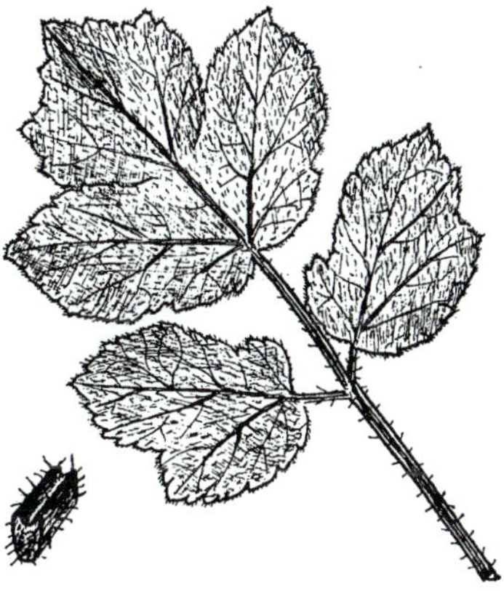

Bachnelkenwurz

(Géum riväle) 2 / –

Rosengewächs

Die Bachnelkenwurz hat kleinere, büschelförmig wachsende Blätter mit einem auffallend groß ausgebildeten, bis über 5 Zentimeter breiten, rundlichen, leicht eingeschnittenen Endblättchen. Darunter finden wir noch höchstens 1 größeres Seitenblättchenpaar, anschließend jedoch nur mehr ganz kleine – aber dennoch unterschiedlich große – Seitenblättchenpaare.

Das ganze Blatt ist samt dem Blattstiel dicht kurzabstehend fein behaart, der Blattrand nicht grob, aber etwas unregelmäßig stumpf gezähnt. Gleich unter der Erdoberfläche finden wir im Boden den ± waagrecht dahinkriechenden, meist dunkelbraunen, kräftigen Wurzelstock.

Die Blütenglöckchen sind gelb und rötlichbraun.

Hauptblütezeit: April – Juni

Die Bachnelkenwurz finden wir in wechselfeuchten bis nassen, meist nährstoffreicheren Wiesen und Moorwiesen, vor allem in Berglagen. Sie ist ein im Unterwuchs wachsender **Nährstoffzeiger**.

Mädesüß

(Filipéndula ulmária) 3 / b–s

Rosengewächs

Das Mädesüß hat ziemlich große, meist über 20 Zentimeter lange Blätter mit abwechselnd großen und ganz kleinen Seitenblättchen und einem 3- bis 5-lappigen Endblättchen.

Die häufig kahlen, etwas starren und oberseits oft glänzenden Teilblätter sind deutlich genervt und am Rand spitz, aber etwas unregelmäßig gezähnt und manchmal etwas eingeschnitten. Die größeren, paarigen, länglich-spitz bis spitzovalen Seitenblättchen sind normal über 2 Zentimeter lang. Die zwischen ihnen, ebenfalls meist parweise am Blattstiel sitzenden Blättchen sind ganz klein und gezähnt.

Die Blütensträuße sind weißlich bis gelb angehaucht.

Hauptblütezeit: Juni – August

Das Mädesüß finden wir in wechselfeuchten bis nassen,meist nährstoffreichen Wiesen und Wiesenstellen und auch in Moorwiesen. Es ist ein **Gleybodenzeiger**.

Gänsefingerkraut

(Potentílla anserína) 1 / b–s

Rosengewächs

Das Gänsefingerkraut hat längliche, meist am Boden aufliegende oder aufsteigende Blätter. Die länglichovalen, von unten nach oben immer länger werdenden Seitenblättchen sind gleichmäßig und sehr spitz gezähnt. Zwischen diesen größeren Seitenblättchen finden wir auch hier ganz kleine, scharf gezähnte Blättchen am Blattstiel.

Das Endblättchen ist meist dreiteilig und gleich geformt wie die größeren Seitenblättchen. Normal sind 6 bis 12 größere Seitenblättchenpaare vorhanden. Die Blattunterseite ist meistens lang behaart und auffallend silbrig schimmernd.

Die Blüten sind gelb.

Hauptblütezeit: Juni – August

Das Gänsefingerkraut finden wir vor allem im frischen bis staufeuchten, meist nährstoffreichen Trittrasen und an Triebwegen, manchmal auch in überanstrengten Weiden. Es ist ein **Nährstoff- und Bodenverdichtungszeiger**.

Odermennig

(Agrimónia eupatória) 2 / b–s

Rosengewächs

Der Odermenig hat keine am Boden aufliegenden Blätter, sondern meist nur Stengelblätter mit 2 bis 5 größeren Seitenblättchenpaaren. Zwischen diesen finden wir wieder kleinere Seitenblättchen am Blattstiel. Das Endblättchen ist ± gleich geformt wie die größeren Seitenblättchen.

Die Teilblättchen sind häufig sehr dicht und weich behaart, dadurch sind die Blätter sehr weichgriffig. Die auf der Oberseite mit einer Rille versehenen Blattstiele und der rundliche Stengel sind oft weichzottig behaart. Die oberen Stengelblätter sind meistens klein. Beim Blattstielansatz finden wir kipfelförmig den Stengel umschließende, gezähnte Blättchen. Die spitzovalen Seitenblättchen sind grob, aber regelmäßig gezähnt.

Die Blüten sind gelb.

Hauptblütezeit: Juni – August

Den Odermennig finden wir im wärmeren, schwach trockenen bis frischen Magerrasen und in Magerweiden sowie auf Rainen.

Rainfarn

(Chrysánthemum vulgáre) 0 / b–n

Korbblütler

Beim Rainfarn finden wir nur Stengelblätter. Sie sind farnähnlich, mit 5 bis 10 selbständigen, länglichen und grob gezähnten Seitenblättchenpaaren. Das Endblättchen ist oft mit den obersten Seitenblättchen verwachsen. Zwischen den größeren – meist in der Blattmitte am längsten – Seitenblättchenpaaren befinden sich häufig am Blattstiel auch noch ganz kleine, gespitzte Blättchen.

Am dreikantigen Blattstiel tritt auf der Oberseite die Mittelrippe deutlich und erhaben hervor. Wo die Blattstiele am Stengel entspringen, sehen wir häufig ganz kleine, spitze Blättchen. Der ± rundliche Stengel hat einige erhabene, oft rötlich gefärbte Kanten. Die ganze Pflanze ist kahl bis leicht filzig behaart.

Die Blütenköpfchen sind gelb.

Hauptblütezeit: Juli – September

Den Rainfarn finden wir in trockenen bis frischen, etwas vernachlässigten Weiden und Wiesen und auf Rainen, insbesondere in günstigeren Lagen.

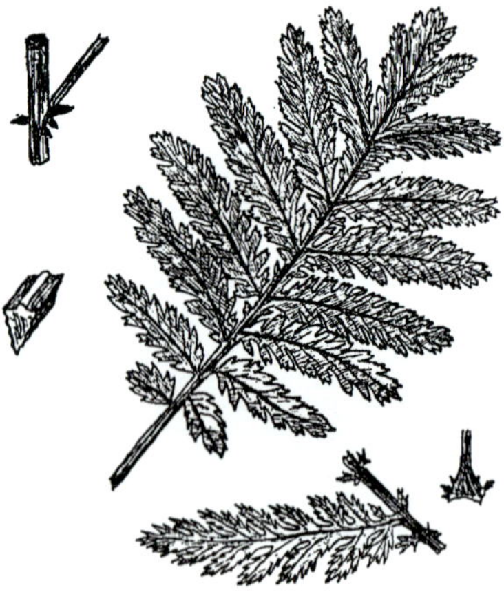

Wiesenschaumkraut

(Cardámine praénsis) –1 / b–s

Kreuzblütler

Das Wiesenschaumkraut hat sehr verschiedenartige Teilblättchen, die jedoch immer gegen das Blattende zu größer werden. Das Endblättchen ist meistens besonders groß.

Bei den Grundblättern sind die Teilblättchen nahezu rund bis breitoval und oft nur ganz schwach gezähnt. Die Teilblättchen der Stengelblätter werden immer schmäler, je höher sie am Stengel liegen. Sie sind oft nahezu ganzrandig, nur das meist etwas keilförmige Endblättchen ist manchmal grob gezähnt. Der aufrecht wachsende, rundliche Stengel ist hohl, die ganze Pflanze ± kahl.

Die Blüten sind blaßblau bis lila.

Hauptblütezeit: April – Juni

Das Wiesenschaumkraut finden wir im frischen bis sehr feuchten, meist nährstoffreichen Dauergrünland, vorwiegend in Wiesen und Moorwiesen. Es ist ein giftiger **Nährstoffzeiger**.

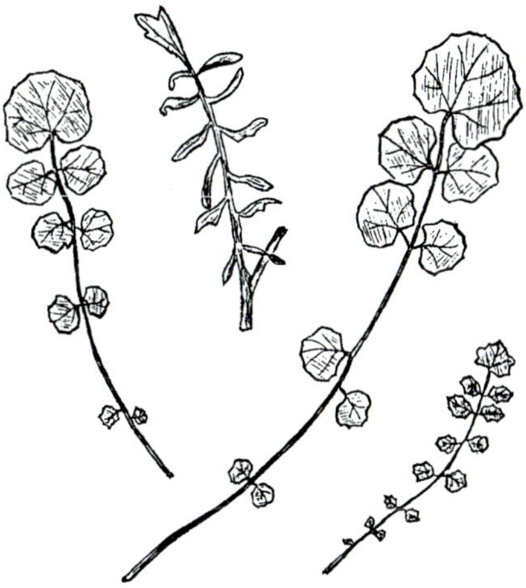

Kleiner Wiesenknopf

(Sanguisórba mínor) 4 / b–s

Rosengewächs

Der Kleine Wiesenknopf hat häufig über 10 Zentimeter lange Blätter, mit kurzgestielten und scharf gezähnten, rundlichen bis breitovalen Teilblättchen, die gegen das Blattende hin immer größer werden.

Die Teilblättchen sind sehr gleichmäßig gezähnt. Auf einer Teilblättchenhälfte befinden sich selten mehr als 8 Zähne. Die höchstens sehr kurz gestielten Teilblättchen sind auf der Oberseite meistens kahl. Der Mittelnerv und die Nebennerven auf der Blattunterseite sind aber oftmals behaart. Besonders auffällig weichwollig abstehend behaart ist jedoch zumeist der dreikantige Blattstiel.

Die unscheinbaren Blüten sind grünlich.

Hauptblütezeit: Mai – August

Den Kleinen Wiesenkopf finden wir vorwiegend im sonnigen, trockenen Magerrasen, in Kalkmagerweiden und in mageren Trockenwiesen. Er ist ein **Magerkeits- und Trockenheitszeiger**.

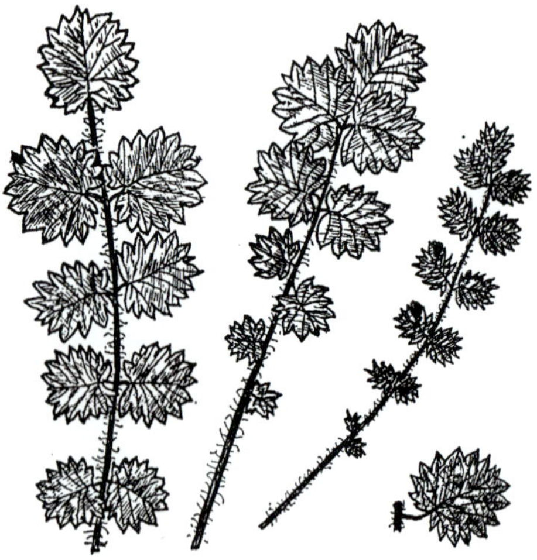

Großer Wiesenknopf

(Sanguisórba officinális) 5 / n–s

Rosengewächs

Der Große Wiesenknopf hat größere, meist über 15 Zentimeter lange Blätter mit oft über 3 Zentimeter langen langovalen und gegen das Blattende hin ebenfalls immer länger werdende Teilblättchen.

Die Teilblättchen sind scharf und sehr regelmäßig gezähnt und zumeist länger gestielt. Auf einer Teilblättchenhälfte befinden sich normal 10 bis über 20 Zähne. Beim Blattstielansatz sitzen oft einige ganz kleine spitze Blättchen. Die ganze Pflanze ist kahl.

Die Blütenköpfchen sind auffallend dunkelpurpurrot.

Hauptblütezeit: Juni – September

Den Großen Wiesenknopf finden wir im feuchten bis nassen, häufig gerade im wechselfeuchten Grünland, vor allem in nährstoffreicheren Naß- und Moorwiesen und gleichwertigen Wiesenstellen. Er ist oftmals ein **Wechselfeuchtezeiger**.

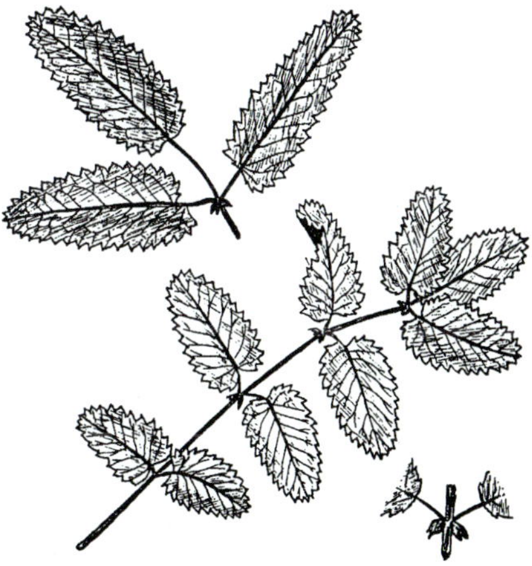

Kleine Bibernelle, Steinbibernelle

(Pimpinélla saxífraga) 5 / b–s

Doldenblütler

Die Kleine Bibernelle, hat selten über 15 Zentimeter lange Blätter mit meist nur 2 bis 4 Paar Seitenblättchen. Diese werden gegen das Blattende zu immer kleiner. Sie sind teilweise sehr unterschiedlich geformt.

Bei den Bodenblättern sind die Teilblättchen normal rundlich bis breiteiförmig und am Rand scharf gezähnt. Insbesondere die Stengelblättchen sind manchmal stärker zerschlitzt bis langgezogen zipfelig gezähnt. Die matten, oft etwas steif wegstehenden Teilblättchen liegen meist ganz flach in einer Ebene untereinander. Sie sitzen ± ungestielt am häufig behaarten Blattstiel.

Die Blütendolde ist weißlich.

Hauptblütezeit: Juni – Oktober

Die Kleine Bibernelle finden wir vorwiegend im sonigen, trockenen, meist kalkhaltigen Magerrasen, in Magerwiesen, Magerweiden und auf Rainen. Sie ist ein **Magerkeits- und Trockenheitszeiger**.

Große Bibernelle

(Pimpinélla májor) 5 / s–b

Doldenblütler

Die Große Bibernelle hat meist über 15 Zentimeter lange Blätter mit 2 bis 5 Paar größeren, scharf und grob abstehend gezähnten Seitenblättchen.

Das unterste Seitenblattpaar ist häufig am längsten. Zumeist ist es auch deutlich gestielt. Die Blattoberseite glänzt oft dunkelgrün. Sie ist wie die übrigen Pflanzenteile ± kahl. Der Blattstiel ist im oberen Teil – insbesondere zwischen den Seitenblättchen – nicht rauh, sondern glatt und etwas gerippt. Die Wurzel riecht unangenehm ranzig.

Die Blütendolde ist weißlich.

Hauptblütezeit: Juni – September

Die Große Bibernelle finden wir vor allem im frischen bis feuchten, meist nährstoffreichen Dauergrünland, vorwiegend in den Wiesen der Berglagen. Sie ist ein **Nährstoffzeiger** und insbesondere bei stärkerem Auftreten ein **Stickstoffzeiger**. Sie läßt sich vor allem durch einen geregelten Weidegang im Zaum halten.

Pastinak

(Pastináca satíva) 4 / b–s

Doldenblütler

Der Pastinak hat ebenfalls meist über 15 bis 20 Zentimeter lange Blätter mit 4 bis 8 Paar größeren Seitenblättchen. Das unterste Blattpaar ist häufig ungestielt und etwas kürzer als das zweite Blattpaar.

Die Teilblättchen sind normal nicht auffallend abstehend, sondern ± unregelmäßig anliegend gezähnt und auf der Oberseite oft ganz fein abstehend behaart. Der halbovale, oberseits flach gerillte Blattstiel ist – insbesondere zwischen den Teilblättchen – meist ganz kurz behaart und etwas rauh. Die Seitenblättchen haben manchmal in Blattstielnähe 2 größere wegstehende Zipfel. Die Pfahlwurzel riecht angenehm möhrenartig.

Die Blütendolde ist gelb.

Hauptblütezeit: Juli – September

Den Pastinak finden wir im trockenen bis wechselfeuchten, meist kalkhaltigen und nährstoffreichen Dauergrünland, vor allem in Wiesen der tieferen Lagen. Er ist ein nicht weidefester **Nährstoff- und Lehmzeiger**.

Grünlandpflanzen mit besonderen Bodenhinweisen

Pflanzenart	Wertzahl
Bodenverdichtungsanzeiger	
Gänsefingerkraut	1
Kraußer Ampfer	1
Kriechender Hahnenfuß	2
Rohrschwingel	4
Gleybodenzeiger	
Mädesüß	3
Waldengelwurz	2
Lehmzeiger	
Ackerwinde	3
Esparsette	7
Fadenklee	6
Gänseblümchen	2
Huflattich	1
Kammgras	6
Klettenlabkraut	-1
Kriechender Hahnenfuß	2
Mittlerer Klee	4
Pastinak	4
Pfennigkraut	1
Witwenblume	2
Rohhumuszeiger	
Preiselbeere	0
Sandzeiger	
Bürstling	2
Rauhe Segge	1-2
Weiches Honiggras	3

Grünlandpflanzen mit Feuchtigkeitshinweisen

Pflanzenart	Wertzahl
wechselnde Feuchtigkeit	
Bergklee	5
Großer Wiesenknopf	5
Heilziest	2
Rohrglanzgras	5
Silge	3
Teufelsabbiß	2
Unterbodenfeuchtezeiger	
Ackerschachtelhalm	0
Wasserzugzeiger	
Huflattich	1
Trockenheitszeiger	
Dornige Hauhechel	0
Fiederzwenke	2
Kleine Bibernelle	5
Kleiner Wiesenknopf	4
Knolliger Hahnenfuß	1
Schafschwingel	3
Wiesensalbei	2
Wundklee	5
Frischezeiger	
Kriechender Günsel	2
Feuchtezeiger	
Kuckuckslichtnelke	1
Wiesenknöterich	4
Nässezeiger	
Kohldistel	4
Roßminze	0
Schilf	2
Sumpfdotterblume	-1
Sumpfkratzdistel	0
Waldsimse	2

Grünlandpflanzen mit Hinweisen auf die Bodenfruchtbarkeit

Pflanzenart	Wertzahl
Magerkeitszeiger	
Augentrost	-1
Blutwurz	2
Dornige Hauhechel	0
Drahtschmiele	3
Echtes Johanniskraut	1
Feldhainsimse	2
Feldklee	6
Ferkelkraut	1
Fiederzwenke	2
Geflecktes Johanniskraut	3
Gewöhnlicher Thymian	1
Grüner Pippau	4
Heilziest	2
Klappertopf	-1
Kleine Bibernelle	5
Kleiner Ampfer	1
Kleiner Wiesenknopf	4
Margerite	2
Pfeifengras	2
Ruchgras	3
Schafschwingel	3
Teufelsabbiß	2
Weiches Honiggras	3
Wundklee	5
Zittergras	5
Fruchtbarkeitszeiger	
Geißfuß	3
Nährstoffzeiger	
Bachnelkenwurz	2
Bärenklau	5
Beinwell	2
Brauner Storchschnabel	2
Gänseblümchen	2
Gänsefingerkraut	1
Geißfuß	3
Große Bibernelle	5
Gundelrebe	1
Kleine Brunelle	2
Kriechender Günsel	2
Pastinak	4
Roßminze	0
Rote Lichtnelke	2
Schafgabe	5
Scharfer Hahnenfuß	1
Waldengelwurz	2
Wiesenkümmel	5
Wiesenlabkraut	3
Wiesenpippau	4
Wiesenschaumkraut	-1
Wiesenstorchschnabel	2
Zaunwicke	6
Stickstoffzeiger	
Große Brennessel	1
Kleine Brennessel	1
Klettenlabkraut	-1
Knaulgras	7
Kraußer Ampfer	1
Quecke	6
Stumpfblättriger Ampfer	1
Vogelknöterich	1
Weiße Taubnessel	3
Wiesenkerbel	4